Étudiants, jeunes professionnels : comment construire votre réseau

Groupe Eyrolles
61, bd Saint-Germain
75240 Paris Cedex 05

www.editions-eyrolles.com

Du même auteur aux éditions Eyrolles :

Le Guide du networking pour développer votre clientèle (à l'usage des professions du conseil), Collection « Livres outils – Efficacité professionnelle », 2015.

AVERTISSEMENT :

Les propos tenus par l'auteur dans cet ouvrage n'engagent que lui et ne sauraient impliquer son employeur de quelque manière que ce soit.

ISBN : 978-2-212-56380-1

Maxime Maeght

Étudiants, jeunes professionnels : comment construire votre réseau

EYROLLES

Ce livre est dédié à M. Samuel de Cardaillac
que je remercie pour l'aide précieuse qu'il m'a apportée
au début de ma vie professionnelle.

Remerciements

Ce livre n'est pas seulement le fruit d'une expérience personnelle : cela n'aurait pas été suffisant pour dresser un tableau fidèle des différentes manières de réseauter. Je l'ai donc rédigé après avoir interviewé des étudiants et des professionnels de toutes les générations, travaillant à des fonctions et pour des secteurs d'activité très variés.

Il serait difficile de citer toutes les personnes qui m'ont aidé dans le cadre de ce projet. Ceux qui n'y figurent pas se reconnaîtront. Je tiens notamment à remercier chaleureusement :

Valentine Appert, Stéphanie Bonel, Lina Boumediene, Audrey Bujaldon, Marie-Claire Capobianco, Juliette Chaventré, Élise et Raphaëlle Covilette, Valentine de Tymowski, Anne-Claire Gillig, Élodie Haimet, Marianne Harlé, Muriel Helvadjian, Joëlle Jung, Virginie Liquard, Hélène Macrez, Yoyo Maeght, Aude Poujade, Marine Robert, Lucile Sagnet, Aurélie Sultan, Marie-Claude Sivagnanam, Lise Vogel, Arthur André, Stéphane Baquet, Luc Barbier, Rodney Bohui, Pierre-Louis et Patrice Bonduelle, François-Xavier Casanova, Bertrand Cosson, Fabien Couillard, Sylvain Dorget, Edouard Duhamel, Ciril Faia, Romain et Jean-Marie Gérard, Thierry Gauthron, Oliver Hémar, Mickaël Hoffmann-Hervé, Xavier Lagarrigue, Benjamin Le Pêcheur, Maxime Lepissier, Thibaut Mathieu, François-Xavier Mérigard, David Meulemans, Vladimir Nguekam, Gilles Noël, Romain Péninque, Mathieu Pinon, Thibault Pinson, Pierre-Yves Rollet, Mathieu Roux, Xavier Segrestin, François Marie Tardo-Dino, Cécilien Trauchessec et Francis Willigsecker.

Je remercie également les avocats et salariés du cabinet Alerion ainsi que les membres du club Corporate Finance & Friends, mes amis et ma famille pour leurs encouragements et leur soutien.

Enfin, pour leur aide précieuse tout au long de ce projet, mes remerciements particuliers vont à Denise Martucci, Alain Clot, Jean-Christel Trabarel ainsi qu'aux éditeurs qui m'ont fait confiance pour ce deuxième livre : Florian Migairou et Guillaume Bertrand.

Maxime Maeght

Table des matières

Avant-propos

Les étudiants et les jeunes professionnels entendent souvent dire qu'il est fondamental de se constituer un réseau. C'est vrai : le réseautage (on parle aussi de *networking*) est utile est à toutes les étapes d'une carrière professionnelle, quel que soit son secteur d'activité et quelle que soit sa fonction.

Ceci étant dit, la manière de constituer ce fameux réseau peut sembler quelque peu ésotérique. Naît-on avec ? Doit-on faire partie de clubs fermés ? Comment utiliser les réseaux sociaux ? C'est pour répondre à ces questions que ce livre a été écrit. Son ambition n'est pas seulement de vous faire comprendre l'importance du réseautage. Il s'agit surtout d'en donner les clés à l'heure où vous entrez dans la vie professionnelle.

En effet, nombreux sont ceux qui prennent conscience trop tardivement de l'importance du réseautage, souvent lorsqu'ils ont besoin d'un service et surtout de retrouver un emploi. Ce livre a donc été rédigé pour vous aider à prendre dès maintenant les bons réflexes et vous éviter autant de « Si j'avais su... » que possible. Son but est de vous aider à préparer l'avenir en vous permettant de vous appuyer sur le réseau que vous aurez constitué, au moment où vous en aurez besoin.

Des recettes adaptées aux 18-30 ans

Ce livre ne traite que des aspects de réseautage propres aux étudiants et jeunes diplômés. Son objectif est de montrer que :

- Les finalités du réseautage sont multiples : connaître les secteurs qui embauchent, trouver un emploi, trouver des clients, vous aider à créer et à développer votre entreprise, être dépanné...
- Le réseautage est aussi utile dans le secteur privé que dans le secteur public,
- Tout le monde peut réseauter : cela n'est pas réservé aux élites.
- De multiples manières de se créer et d'animer un réseau existent. À vous de trouver celle qui vous convient en puisant dans la boîte à outils qui est à votre disposition.
- Vos efforts ne doivent pas se limiter à une présence sur les réseaux sociaux.
- Cela ne coûte pas forcément cher.

- Vous devez réseauter avec des personnes de toutes les générations. N'ayez pas peur de solliciter des professionnels expérimentés. En y mettant les formes, vous vous rendrez compte que votre jeunesse peut vous faire bénéficier de leur bienveillance.

Un regard transversal

Si de nombreux points communs existent, on ne se comporte pas forcément de la même façon dans toutes les écoles et dans tous les secteurs d'activité. Il est important de savoir comment cela se passe ailleurs. Vous trouverez donc dans ce livre des exemples qui vous laisseront entrevoir les spécificités de différents milieux.

Vous trouverez enfin çà et là quelques informations sur les différentes manières de réseauter avec l'étranger, qu'il s'agisse de préparer son départ ou de garder contact avec les personnes rencontrées dans un autre pays.

Bonne lecture !

Trois questions à Marie-Claire Capobianco, membre du comité exécutif de BNP Paribas

Avec le baccalauréat pour seul diplôme, Marie-Claire Capobianco a démarré en agence chez BNP Paribas pour atteindre le comité exécutif de ce groupe de près de 200 000 collaborateurs. Co-auteur du livre *Entrepreuneuriat féminin. Mode d'emploi* (Eyrolles), elle a accepté de revenir avec nous sur son parcours et de donner son point de vue sur le réseautage pour les jeunes professionnel(le)s.

« Les plafonds de verre existent mais restent franchissables »

1. Quels conseils donneriez-vous aux jeunes professionnels qui envisagent de faire carrière au sein d'un grand groupe tel que BNP Paribas ?

Un grand groupe permet d'exercer une multitude de métiers différents. Ainsi est-il facile d'y faire toute sa carrière et c'est bien l'idée qui a longtemps prévalu tant au niveau des collaborateurs que des managers. Je ne pense pas qu'il soit bon d'avoir une idée aussi prédéfinie de sa vie professionnelle : cela empêche de voir les portes s'ouvrir. Et inversement, l'autre écueil serait de se dire qu'il faut absolument butiner en multipliant les expériences auprès d'employeurs différents. Mieux vaut opter pour une approche plus pragmatique et ouverte sur les opportunités qui se présentent, dans l'entreprise actuelle ou ailleurs. Même si nous investissons beaucoup dans la formation et dans la culture d'entreprise chez BNP Paribas, nous savons que certains de nos talents pourront avoir la tentation de nous quitter pour profiter d'une opportunité externe. Nous avons appris à accepter cela et, dès lors, à ne plus considérer forcément une démission comme une trahison. Tout dépend de la façon dont le départ se passe. Si bien qu'il nous arrive aujourd'hui de réembaucher des gens qui sont partis.

Par ailleurs, certains candidats ont parfois une idée caricaturale des grands groupes selon laquelle la contrepartie de leur force serait une certaine lourdeur et une absence de marge de manœuvre pour les collaborateurs. Je pense que ce n'est pas le cas et qu'il existe de véritables espaces de liberté au sein desquels il est tout à fait possible de s'exprimer. L'essentiel est de les détecter et de les utiliser à bon escient. Nous encourageons vivement nos salariés, de tous âges, à prendre des initiatives jusqu'à devenir des *intrapreneurs* (des entrepreneurs dans l'entreprise). La contrepartie, positive, de cette liberté, est la montée de la responsabilisation, ce qui est plus exigeant que la simple exécution.

2. Le groupe met-il en place des dispositifs de détection des jeunes talents ?

De multiples programmes, de différents niveaux, sont mis en place pour identifier et accompagner nos jeunes talents. Nous les aidons à se faire connaître en interne en leur confiant des missions pour lesquelles nous les accompagnons. Cela leur apporte une vraie visibilité auprès de supérieurs hiérarchiques, parfois même devant les comités exécutifs de leur entité. Une fois encore, la symétrique de cet accompagnement est que nous élevons notre niveau d'attente vis-à-vis de ces collaborateurs à fort potentiel. Nous leur demandons de faire part de détermination et d'engagement. Confrontés à ce niveau d'exigence, certains collaborateurs, identifiés comme étant particulièrement prometteurs, ne souhaitent finalement pas bénéficier de tels programmes. Cela fait partie du jeu et de la transparence à avoir dans le management.

3. De nombreuses associations féminines se sont créées au cours des dernières années. Recommanderiez-vous à des jeunes professionnelles d'y adhérer ?

Ces associations seront nécessaires tant qu'un équilibre entre hommes et femmes ne sera pas atteint dans le monde professionnel. Elles peuvent permettre à une jeune professionnelle de rencontrer des femmes ayant un certain parcours et de recueillir leurs témoignages, tant en termes de réussites que d'échecs. Elles véhiculent un message positif : si les plafonds de verre existent, ils restent franchissables ! La détermination, la confiance et l'audace sont les perches indispensables à ce franchissement.

Partie 1
S'INITIER AU RÉSEAUTAGE

Que l'on soit jeune professionnel ou expérimenté, le réseautage ne revient pas à accumuler les contacts. Avant de cerner son fonctionnement, il importe de comprendre son intérêt.

Objectifs

√ Comprendre la philosophie du réseautage.

√ Déterminer ses différentes finalités.

√ Montrer qu'il est primordial pour les étudiants et jeunes professionnels.

Fiche 1
DÉMYSTIFIER LE RÉSEAU

Le réseautage n'est pas réservé aux personnes expérimentées. Il peut apporter une aide très concrète aux étudiants et aux jeunes professionnels.

En créant des liens et en les faisant vivre, le réseautage revient à se rendre utile aux autres en espérant un retour. On parle souvent de renvois d'ascenseur. Cela n'a rien de magique : la construction d'un réseau demande avant tout du travail et de la méthode (voir section « Cerner le fonctionnement du réseau », à partir de la page 19).

Vous entendrez souvent parler de *networking*. Dans le monde francophone, on utilise le terme « réseautage » qui figure dans le dictionnaire. Même si vous ne le trouvez pas très joli, vous vous y habituerez vite. En tout cas, c'est celui qui sera utilisé tout au long de ce livre.

Les contacts constituent le carburant du réseautage. Ne craignez pas pour autant d'en manquer : tout le monde dispose d'un réseau (voir la fiche 8 « Combattre les idées reçues »). Sachez ensuite qu'il vaut mieux privilégier leur qualité à la quantité. Le réseautage ne revient donc pas à les multiplier frénétiquement sur les réseaux sociaux. Si ceux-ci sont devenus très importants et pratiques (voir la partie 2 « Profiter des réseaux sociaux »), ils ne représentent qu'un outil au service du réseautage. Celui-ci repose avant tout sur des rencontres réelles.

Ces contacts pourront vous être utiles de bien des manières.

Des finalités multiples

Le réseautage permet principalement :

- d'être recruté ou de progresser en interne (voir la fiche 2 « Progresser dans sa carrière »).

- de développer votre clientèle (voir la fiche 3 « Conquérir des clients »).

Il peut également vous aider dans la vie de tous les jours, par exemple à :

- résoudre un petit problème ;

  Vous êtes responsable communication d'une PME et vous n'arrivez pas à un résoudre un problème technique sur un logiciel dont vous êtes le seul utilisateur en interne. Un coup de fil à un camarade de promotion pourrait vous retirer cette épine du pied. À charge de revanche !

- demander un avis ;

  Vous envisagez de vous reconvertir dans un secteur qui vous fait rêver et vous souhaitez confronter votre vision avec celle du terrain. Votre réseau peut vous aider à concrétiser votre projet en vous mettant en relation avec des professionnels en poste.

- améliorer votre culture générale professionnelle.

  Contrôleur de gestion, vous ne connaissez presque rien aux métiers de la distribution. Cette conversation anodine avec un professionnel de ce domaine vous sera peut-être très utile un jour, par exemple si vous postulez dans une entreprise de ce secteur. Vous pourriez même le recontacter afin de vous aider à préparer votre entretien.

Utile dans tous les secteurs

Vous risquez fort d'entendre dire : « C'est un tout petit monde » et « Tout le monde se connaît dans le métier ». Cette réflexion est en fait valable pour tous les secteurs. Que vous travailliez dans l'informatique, la mode, l'agroalimentaire ou la fonction publique, vous vous rendrez vite compte que le réseau est important et que les spécialistes se connaissent entre eux, soit qu'ils aient travaillé ensemble ou qu'ils disposent de relations communes.

Une part d'incertitude

Soyez prêt à rendre service sans attendre de retour immédiat. Tous vos contacts ne sont pas en mesure de vous aider de la même manière. Évitez de tenir une comptabilité en pensant « qu'un service vaut un service ». Ce n'est pas la bonne méthode. Impossible en effet de savoir qui pourra vous être utile. Des personnes à qui vous aurez rendu un petit service pourront vous en rendre un gros et vice-versa. Ne négligez pas non plus l'intérêt que pourrait avoir une personne expérimentée à réseauter avec vous (voir encadré page suivante).

Le bon réflexe

Réseauter avec tout le monde en ne négligeant aucun maillon de la chaîne, qu'il s'agisse des fonctions support à votre activité ou des services généraux par exemple. Vous trouverez une oreille d'autant plus attentive quand vous aurez besoin d'être dépanné.

Sachez enfin que vos efforts de réseautage produiront souvent leurs effets à long terme. Aussi vous faudra-t-il faire preuve de constance dans vos efforts. Ils seront récompensés au moment où vous ne vous y attendrez pas.

Pourquoi les personnes expérimentées ont besoin des jeunes

Parce que vous avez un avenir, vous avez une valeur pour les personnes plus âgées, même si celles-ci ne s'en rendent pas toujours compte. Il existe plusieurs raisons à cela :

- On vieillit avec son réseau : des personnes expérimentées vont donc avoir besoin de renouveler leur carnet d'adresses pour connaître les décideurs de demain : vous. Au bout d'un certain temps, les rapports de force entre anciennes et nouvelles générations ont parfois tendance à s'inverser.
- Vous pouvez être mieux formé sur de nouvelles problématiques. C'est l'occasion pour des personnes expérimentées de connaître de nouvelles tendances (voir l'exemple sur le *reverse mentoring* dans la fiche 35 « Réseauter en interne »).

Sachez enfin que l'on peut éprouver une réelle satisfaction à aider des jeunes professionnels, satisfaction que vous pourrez vous-même ressentir à votre niveau en aidant de plus jeunes camarades au sein de votre école.

Fiche 2
PROGRESSER DANS SA CARRIÈRE

Le réseau est un outil précieux pour progresser à tous les stades de sa carrière, même à son démarrage.

Cultiver son réseau peut vous aider à trouver un poste, peut-être même votre premier poste. Soyez également conscient qu'une carrière est rarement linéaire : un accident peut toujours survenir. Un réseau bien constitué permet de retomber sur ses pattes. Autant anticiper pour pouvoir vous appuyer sur votre réseau au moment où vous en aurez besoin.

Décrocher son premier poste

Réseauter peut vous aider à :

- trouver votre premier travail ;
- mûrir votre projet professionnel.

Une aide à géométrie variable

Votre réseau peut, par exemple :

- relire et éventuellement transmettre votre curriculum vitæ ;
- vous donner des informations sur le secteur que vous visez (débouchés, entreprises susceptibles de recruter, etc.) ;
- vous indiquer auprès de qui postuler ;
- vous prodiguer des conseils très pratiques sur la manière de postuler lors des entretiens. Pour cela, des ateliers sont peut-être proposés par votre école ou votre université (voir section « Réseauter grâce à son école », à partir de la page 62).

Auprès de multiples personnes

Puisque vous êtes étudiant, vous pensez peut-être que vous ne disposez pas d'un réseau susceptible de vous aider. C'est une erreur : tout le monde dispose d'un réseau.

Vous pouvez éventuellement être aidé par :

- votre école pour trouver un travail ;
- vos camarades de promotion ;
- votre entourage familial. Comprenez toutefois que le réseau de votre famille n'est pas vraiment votre réseau. Dites-vous plutôt qu'il s'agit d'un réseau auquel votre accès peut être facilité. Ne paniquez pas si votre entourage familial n'est pas en mesure de vous aider. Il est tout à fait possible de se constituer un réseau par soi-même. Il faut simplement donner envie aux autres de vous aider.

Certains secteurs offrent moins de débouchés que d'autres. Soyez en conscient. L'importance du réseau n'en sera que plus grande. Il pourra vous aider à trouver un travail ou à trouver des pistes de reconversion si votre plan initial ne fonctionne pas, ce que personne ne vous souhaite ! Dans d'autres secteurs, les diplômes, très demandés, parleront d'eux-mêmes. Ne négligez pas pour autant le réseau : il pourra peut-être vous faire bénéficier d'opportunités insoupçonnées par la suite.

Progresser

Le réseautage peut aussi être utile pour préparer le coup d'après, par exemple :

- **En changeant de poste en interne** (voir la fiche 36 « Décrocher une mobilité interne »). Les grands groupes permettent souvent de passer d'une fonction ou d'une entité à une autre. Sans vous donner de passe-droit, réseauter en interne vous aidera à être informé des opportunités en amont et à faire en sorte que votre candidature soit la mieux reçue possible.
- **En étant recruté par un autre employeur à un poste plus intéressant**.

Vous pourrez parfois être recommandé par une personne ayant déjà travaillé avec vous par exemple. Aussi vous faut-il profiter de toutes les occasions de garder contact avec votre réseau.

Se reconvertir

Chacun d'entre nous peut être amené à se reconvertir à tout moment, que cela soit désiré ou non. Si vous envisagez une reconversion, renseignez-vous, auprès de personnes qui ont choisi ce parcours, sur les sacrifices que cela peut représenter. Encore une fois, votre réseau peut vous y aider. Dans certains cas, il est possible de changer de fonction et de secteur. Effectuer un MBA (Master of Business Administration) est une option pour y parvenir. Ne laissez pas pour autant votre premier réseau professionnel dépérir. Soyez bien conscient que le réseau constitué au cours d'une expérience professionnelle pourra être utile plus tard, même si vous changez de secteur ou de métier.

Changer de fonction

Vous pouvez :

- passer d'une fonction à une autre au sein d'une entreprise ;

  Un jeune banquier d'investissement rejoignant la banque privée du groupe bancaire qui l'emploie.

- passer de l'autre côté de la barrière ;

  Un journaliste peut intégrer le service de presse d'une entreprise du secteur sur lequel il est spécialisé.

- effectuer des allers et retours entre un métier du conseil et un autre plus opérationnel.

  Un salarié d'une grande entreprise de courtage en assurance peut intégrer l'équipe de *risk management* d'un client.

Changer de secteur

Certaines fonctions offrent la possibilité de passer assez facilement d'un secteur à un autre. Si une spécialisation sectorielle est la bienvenue, il est tout à fait possible d'être comptable dans des secteurs d'activité très différents.

Cela pourra être plus délicat pour des ingénieurs travaillant dans des domaines extrêmement spécialisés. Vous pouvez dès maintenant solliciter votre réseau pour qu'il vous aide à réfléchir à votre orientation.

Il arrive que des fonctionnaires soient recrutés par le secteur privé, une fois que le temps qu'il devait à l'administration en contrepartie de leur formation est écoulé.

Changer de zone géographique

Il est enfin possible de changer de zone géographique. Mobilisez vos contacts et les contacts de vos contacts (notamment à travers l'association d'anciens de votre école) pour y parvenir. Les connexions effectuées avec des professionnels lors de stages à l'étranger ou de VIE (volontariat international en entreprise) pourront vous être particulièrement utiles pour défricher la question.

Un MBA peut donner l'occasion de rencontrer un grand nombre de professionnels de tous les continents.

Fiche 3
CONQUÉRIR DES CLIENTS

Le réseautage facilite la conquête de nouveaux clients. Ayez le réflexe de garder le contact avec les personnes que vous rencontrez.

Si vous devenez commercial en début de carrière, vous vous rendrez rapidement compte de l'importance du réseautage en termes de développement d'affaires. Et même si vous ne devez pas vendre vos produits ou services aujourd'hui, le réseautage vous sera certainement utile un jour.

À tous moments

Le réseautage peut être utile en termes de développement de clientèle, que le fait de présenter des clients soit votre principale fonction ou non.

- **S'il s'agit de votre principale fonction** : un commercial a tout intérêt à réseauter pour améliorer ses performances commerciales. Apprenez à garder contact avec les personnes que vous connaissez. Au fil du temps, elles pourront vous être utiles pour contourner des barrages (voir encadré page 15).

  Ingénieur d'affaires au sein d'une ESN (entreprise de services du numérique), vous souhaitez prendre contact avec le directeur des services informatiques pour lui présenter votre offre. Sursollicité par vos concurrents, celui-ci ne peut pas vous recevoir. Vous vous êtes rendu compte qu'un de vos anciens collègues travaille dans son service. Peut-être pourrait-il vous aider à obtenir un rendez-vous ?

- **À un certain moment de votre carrière**, il sera parfois nécessaire d'apporter des clients : dans certains métiers, c'est la condition pour devenir associé de la structure. C'est tout particulièrement le cas pour les professions du conseil.

  Manager au sein d'une grosse société d'expertise comptable, vous êtes reconnu comme un bon technicien et vous n'avez jamais eu à contribuer au développement de la clientèle. Les choses changent : cela devient un de vos critères d'évaluation. Il va vous falloir reconstituer votre réseau de connaissances, d'anciens collègues ou de camarades de promotion susceptibles de devenir des clients. Tâche d'autant plus facile à réaliser que vous aurez gardé contact avec eux. Dans d'autres cas, contribuer au *business development* vous permettra de prouver votre engagement et votre motivation.

- **Si vous vous lancez dans la création de votre entreprise**, développer votre clientèle sera primordial (voir section « Créer son entreprise », à partir de la page 141) : que vous créiez votre société dès la sortie de l'école ou que vous envisagiez de le faire plus tard, il vous faudra compter sur les clients pour générer du chiffre d'affaires. Il y a de fortes chances pour que vous assumiez vous-même la fonction de directeur commercial pendant un certain temps. N'excluez pas cette hypothèse : de nombreuses personnes étaient loin d'imaginer qu'elles se lanceraient un jour dans un projet entrepreneurial.

Une aide très concrète

Le réseautage n'est pas qu'une vague idée abstraite. En termes de développement commercial, il permet de bénéficier d'une aide précieuse.

Être recommandé

Lorsque vous êtes recommandé pour vos services, c'est le client qui vient à vous sur les conseils de quelqu'un qui vous connaît ou qui a entendu parler de vous. Autant dire que ce mode de développement commercial est appréciable.

Exemple Traducteur spécialisé dans le secteur des télécommunications, vous êtes recommandé par un ingénieur pour qui vous travaillez à l'un de ses confrères.

Recueillir des informations sur des cibles

Ces informations peuvent concerner :

- **Les interlocuteurs eux-mêmes** : le réseautage peut être utile pour préparer ses rendez-vous, par exemple en demandant de l'information à des personnes connaissant les prospects. Comme pour la recherche de poste, les réseaux sociaux peuvent être extrêmement utiles sur cette question, notamment en permettant de voir quelles sont les relations communes susceptibles de vous informer (voir la fiche 12 « Rechercher des informations »).

  Exemple Être informé des expériences passées de la société cliente sur tel domaine pour ajuster votre offre.

- **Le moment auquel contacter un prospect** : votre réseau peut également vous donner une information importante en termes d'opportunités de prise de contact.

  Exemple Un de vos amis vous informe que c'est le moment de démarcher une entreprise agroalimentaire parce qu'elle a pour projet de s'implanter à l'international.

Garder contact avec les personnes que vous avez démarchées. Si elles ne sont pas clientes tout de suite, elles pourront le devenir un jour.

Le réseautage facilite la prospection

Le réseautage permet de faciliter le passage de barrages :

- en étant mis en relation par une personne que vous connaissez ;
- en appelant sur les conseils de quelqu'un ; dans ces cas-là, soyez vigilant d'avoir préalablement reçu l'accord exprès de votre contact.

Mieux encore, le réseautage permet d'être contacté sur les conseils de quelqu'un qui vous connaît et qui a parlé de votre activité à une personne ayant un besoin à satisfaire. Enfin, plus le temps passera, plus vos contacts, aujourd'hui camarades d'écoles et jeunes collègues, deviendront des décisionnaires. Il s'agit de ne pas perdre le contact !

Fiche 4
CONSTRUIRE SON CARNET D'ADRESSES

Vous avez tout intérêt à commencer à construire méthodiquement votre carnet d'adresses. Il s'agit d'un véritable actif.

Un carnet d'adresses se construit pas à pas. Le réseautage demande avant tout de l'organisation et de la méthode.

Il n'existe pas une seule manière de réseauter. Chacun doit trouver la sienne.

La réalité du carnet d'adresses

Il est important de démystifier le carnet d'adresses. C'est avant tout la somme de tous les contacts que vous connaissez. C'est très simple : vous pouvez considérer qu'une personne fait partie de votre carnet d'adresses quand vous pouvez la contacter. Tous les membres de votre carnet d'adresses n'ont pas la même valeur, d'abord parce qu'ils n'ont pas le même pouvoir et ensuite parce que vous n'avez pas la même relation avec chacun d'eux. Pour autant, tout le monde est important : vous ne savez pas ce que chacun va devenir, ni comment vos relations vont évoluer.

La somme de tous vos contacts

Un carnet d'adresses correspond à la somme de tous les contacts que vous connaissez. Notez qu'à de rares exceptions près, votre carnet d'adresses virtuel doit ressembler à votre carnet d'adresses réel (voir la fiche 16 « Se connecter aux bonnes personnes »).

Voici ce que n'est pas votre carnet d'adresses :

- Il ne s'agit pas d'un tableur informatique ou d'un répertoire papier impersonnel qui donnerait le droit à celui qui le détient de prendre contact avec les personnes qui y figurent.
- Les personnes avec qui vous seriez éventuellement connectées sur les réseaux sociaux sans même les connaître.
- Le carnet d'adresses des autres, notamment celui de votre entourage familial. C'est en revanche un carnet d'adresses auquel vous pourriez avoir accès. Tâchez de vous en montrer digne.
- Ce n'est pas le fichier clients d'une entreprise qui vous emploie ou qui vous a accueilli temporairement. Quand vous partez, le fichier de l'entreprise n'a rien à faire dans vos bagages.

Comment un carnet d'adresses se valorise

Votre carnet d'adresses est un actif. Il peut vous aider à résoudre des problèmes ou à bénéficier d'opportunités. S'il a d'abord une valeur pour vous, il aura peut-être un jour une valeur pour les autres. Qu'elles aient été des personnalités politiques, de grands dirigeants ou des professionnels particulièrement reconnues dans leur domaine par exemple, certaines personnes peuvent en effet être recrutées pour leur carnet d'adresses. C'est tout ce que l'on vous souhaite !

Être régulier

En matière de réseautage, c'est la régularité qui paie. Soyez donc méthodique : vous serez gagnant à long terme. N'oubliez pas que les contacts se font un par un.

Prendre de bonnes habitudes

Il existe de multiples méthodes pour entretenir votre carnet d'adresses. Choisissez celle qui vous convient le mieux. Évitez simplement de tout miser sur le papier. Tenez votre carnet d'adresses à jour comme si vous deviez partir du jour au lendemain de votre travail. Sauvegardez-le avec soin.

Le bon réflexe

Ajouter chaque nouveau contact à son carnet d'adresses. Faites-le immédiatement : tout comme une bonne idée, il ne faut pas laisser un contact s'envoler. Fixez-vous votre propre routine en intégrant par exemple successivement ce contact dans un tableur informatique, le carnet d'adresses de votre messagerie e-mail et sur les réseaux sociaux.

Être patient

Soyez enfin patient. C'est certainement au moment où vous ne vous y attendrez pas que vous vous rendrez compte qu'il a été utile de garder contact avec quelqu'un.

Fiche 5
ÊTRE À L'ÉCOUTE DES BESOINS DE SON RÉSEAU

Le réseautage nécessite de s'intéresser aux autres pour savoir comment leur rendre service.

Pour que les membres de votre réseau aient envie de vous être utiles, il faut que vous cherchiez à l'être vous-même. Aussi faut-il vous intéresser aux autres pour savoir de quelle manière vous pourriez leur rendre service. Armé de ces informations, vous pourrez alors rebondir à bon escient.

Savoir rendre service

Il faut vous rendre à l'évidence: si vous n'aimez pas rendre service, vous ne tirerez qu'un faible retour sur investissement de vos efforts de réseautage. On dira que vous avez une vision trop utilitariste du réseau, c'est-à-dire que vous n'aidez quelqu'un que pour avoir quelque chose en retour.

Ne vous cantonnez pas à aider vos amis: soyez utile à des gens que vous connaissez très peu. Vous ne savez jamais ce qu'il en ressortira. Apprenez toutefois à doser votre aide: testez les réactions d'une personne pour voir si elle apprécie le mal que vous vous donnez pour elle ou si, au moins, elle en est consciente. De la même manière, apprenez à doser les recommandations.

Tirer le premier

Certains veulent bien rendre service. Mais pas les premiers... Ils auraient trop peur de ne rien recevoir en retour. C'est une erreur: il faut bien que quelqu'un commence. Le réseautage ne revient pas à compter les points. Prenez enfin en considération un des effets collatéraux: en rendant service à quelqu'un, vous pourrez souvent apprendre de nouvelles choses qui vous seront utiles dans un autre cas de figure.

Faire mine de rendre un service à quelqu'un en lui imposant une mise en relation qui vous arrange en fait plus que lui.

De multiples manières de se rendre utile

Il existe de multiples manières de se rendre utile à un de ses contacts, quel que soit son âge, par exemple :

- en lui transmettant des informations ;
- en le dépannant ;
- en acceptant de recevoir un de ses contacts pour lui donner des informations ;
- en le recommandant pour un poste, etc.

Apprendre à écouter

Apprendre à écouter est indispensable pour être informé. S'il est possible de savoir *grosso modo* comment être utile à un contact (à première vue, qui ne serait pas intéressé par une recommandation pour un poste ?), il faut se montrer attentif aux autres pour savoir ce qui les intéresse particulièrement.

Écouter tous les types de personnes

Encore une fois, ne vous cantonnez pas à écouter vos amis. Soyez tout aussi attentif à des personnes rencontrées fortuitement. En effet, plus vous connaîtrez de monde et de secteurs différents, plus vous vous cultiverez et serez à l'aise pour parler de nombreux sujets. S'intéresser aux autres au gré d'une discussion à bâtons rompus peut faire jaillir une étincelle des années plus tard et vous permettre de savoir où commencer à chercher vos informations.

Tâchez d'écouter :

- **Vos camarades** : qu'il s'agisse de camarades de promotion ou d'autres stagiaires, soyez attentif à ce qu'ils cherchent, ce que sont leurs projets. Il peut par exemple s'agir d'un retour d'expérience d'une connaissance sur une entreprise et un secteur d'activité.

  > Exemple : Un de vos camarades de promotion a toujours souhaité travailler dans la philanthropie sans trop savoir comment s'y prendre. S'il vous semble sérieux, mettez-le en contact avec le père d'un de vos amis qui y a effectué toute sa carrière.

- **Votre entourage** : peut-être les membres de votre entourage cherchent-ils quelque chose que vous pouvez leur apporter ?

> Responsable informatique, votre cousin souhaite rédiger un livre sur un langage de programmation particulier. Mettez-le en relation avec un de vos contacts qui a déjà écrit un livre technique. Il pourra lui faire part de son expérience.

- **Les professionnels** : les professionnels ne s'attendent pas nécessairement à ce que les stagiaires ou les salariés junior leur soient utiles. Les écouter attentivement vous permettra une fois encore de vous rendre utile plus tard. Ils apprécieront de toute manière votre démarche qui vous permettra de vous démarquer.

> En stage dans une société de services à la restauration collective travaillant exclusivement pour le secteur privé, vous comprenez que la société cherche à se développer auprès des collectivités publiques. Un de vos professeurs est justement consultant spécialisé sur les questions d'appels d'offres publics. Proposez-leur une mise en relation.

Se méfier des apparences

Qu'il s'agisse de camarades de promotion ou de personnes plus expérimentées, vous ne savez pas forcément qui, parmi vos contacts, pourrait vous être le plus utile.

Vous ne savez pas nécessairement :

- **Qui sera en mesure de vous aider** : l'un de vos maîtres de stage pourrait un jour donner votre nom à un chasseur de têtes.
- **Quelle sera la fonction de chacun dans quelques années** : peut-être ce camarade de promotion deviendra-t-il un jour votre plus gros client ?
- **Qui percera plus tard** : ce ne sont pas toujours les meilleurs élèves ou les plus démonstratifs qui réussiront nécessairement, surtout à un jeune âge. Tout dépend de l'ambition et des capacités de chacun. Peut-être ce camarade qui lit des bandes dessinées à longueur de journée au lieu de réviser ses partiels se révélera-t-il dans le monde professionnel… ?
- **Qui connaît qui** : ce ne sont généralement pas ceux qui se prétendent doués pour le réseautage ou qui répètent à l'envi qu'ils disposent d'un gros carnet d'adresses qui sont les plus utiles. En outre, peut-être qu'une personne qui ne semble pas bénéficier d'un gros carnet d'adresses disposera justement du contact en mesure de vous aider. Le hasard voudra peut-être que vous vous en rendiez compte au gré d'une conversation.

Souvenez-vous enfin que vous ne savez pas qui acceptera de vous aider au moment où vous en aurez besoin.

Fiche 6
AGIR AVEC DÉLICATESSE

Donnez envie à vos contacts d'échanger avec vous en vous montrant prévenant et courtois.

Le réseautage impose de respecter certaines règles de courtoisie. Souvenez-vous en premier lieu qu'il ne faut pas imposer mais proposer.

Savoir remercier

C'est la moindre des choses. Pour autant, tout le monde ne le fait pas.

Remercier de manière appropriée

Certaines personnes sont très attachées à l'étiquette. Choisissez la forme qui est la plus susceptible de plaire à votre interlocuteur en fonction de sa sensibilité : un e-mail ou un petit mot manuscrit par exemple.

Sachez également remercier quelqu'un sans lui prendre trop de temps. Il pourrait être maladroit d'inviter un interlocuteur que vous savez très occupé à déjeuner. Il pourrait se sentir obligé d'accepter votre invitation.

> Exemple Si un ancien maître de stage vous a recommandé pour un poste, vous pouvez par exemple lui faire livrer un petit cadeau symbolique, comme une boîte de chocolats. Ne soyez pas radin : en comparaison du service rendu, cette petite attention ne vous coûtera vraiment pas très cher.

Demander comment on peut être utile

Demandez toujours à quelqu'un qui vous a aidé comment vous pouvez lui être utile en retour. Même si vous ne pensez pas être en mesure de lui être d'une grande aide, ne faites pas l'impasse sur cette proposition. Et qui sait, vous ne savez pas si vous ne serez pas un jour en mesure de lui renvoyer l'ascenseur. N'oubliez pas que se rendre utile à un contact, c'est un moyen pour que celui-ci pense à vous en vous retournant la faveur.

Ne pas remercier parce que vous pensez ne plus avoir besoin de quelqu'un. D'abord, ce n'est pas très sympathique. Ensuite, c'est le meilleur moyen de perdre contact avec cette personne.

Savoir demander

Apprenez à exprimer vos besoins pour que ceux-ci soient connus des autres. Vous pouvez aussi bien exprimer :

- une demande précise ;

  Un point d'entrée dans l'entreprise dans lequel travaille cet ami de votre frère afin d'y postuler pour un stage.

- une demande ouverte.

  Être mis en relation avec une personne ayant réussi un concours de la fonction publique internationale pour obtenir des conseils de préparation utiles.

Savoir solliciter élégamment

Demander n'est pas réclamer. Ne croyez surtout pas que tout vous est dû. Mettez toutes les chances de votre côté. Pour cela :

- Demandez les choses au bon moment : ne choisissez pas un moment où vous savez que votre interlocuteur risque d'être particulièrement pris. Ne vous y prenez pas non plus à la dernière minute. Cela ne fait pas sérieux.
- Laissez à votre interlocuteur la possibilité de dire non. Sans réponse, mieux vaut éviter de le relancer trop énergiquement.

Ne pas préparer sérieusement sa demande. Demander de l'aide ne revient pas à demander aux autres qu'ils fassent quelque chose à votre place. En effet, il faut montrer sa motivation pour donner envie à l'autre de vous aider.

Être stratège

Ne sollicitez pas toujours les mêmes personnes, vous risqueriez de les lasser. De même, soyez vigilant à demander le bon service à la bonne personne :

- celle qui sera la plus à même de vous le rendre ;

- celle qui sera adaptée au service que vous demandez ; même si vous le connaissez, ne dérangez pas le président d'une grosse entreprise pour vous rendre un service facile.

Se décomplexer

Il convient enfin de dédramatiser le refus. Si vous avez peur qu'on vous refuse quelque chose, vous n'oserez pas le demander. Le refus de votre interlocuteur de vous aider peut être lié à un manque de temps ou à une simple impossibilité. Rassurez-vous : beaucoup de personnes sont bienveillantes à l'égard des nouvelles générations.

Fiche 7
ANIMER SON RÉSEAU

Collectionner les contacts ne vous sera pas utile si vous ne parvenez pas à vous rappeler à leur bon souvenir.

Il serait vain d'accumuler les contacts si vous ne parvenez à maintenir un lien avec eux. Pour que vos efforts ne soient pas réduits à néant, faites donc vivre votre réseau.

Donner et prendre des nouvelles

Ne laissez passer aucune occasion d'échanger avec votre réseau.

Quand il y a une occasion

Vous pouvez par exemple donner des nouvelles lors :

- d'un changement de poste ;
- d'une bonne nouvelle (obtention d'un diplôme, etc.).

Régulièrement

Les vœux sont une excellente occasion d'entretenir le contact avec votre réseau. Ils permettent de donner de vos nouvelles sans avoir besoin de prétexte (voir la fiche 38 « Donner de ses nouvelles »).

Être visible

Vous pouvez être visible :

- dans la vie réelle (en marquant votre présence lors d'événements) ;
- dans la sphère digitale (voir la partie 2 « Profiter des réseaux sociaux »).

Visible de tous

Vous devez être visible de vos contacts comme d'éventuels recruteurs, par exemple en participant à des événements. S'ils vous ont déjà rencontré, ils doivent penser à vous. S'ils ne vous connaissent pas encore, ils doivent être en mesure de vous trouver. C'est d'ailleurs pour cela qu'il faut être visible sur les réseaux sociaux notamment.

Pour que vos contacts pensent à vous

Vous devez donc faire en sorte que vos contacts se souviennent de vous. Pour cela, apprenez à vous présenter rapidement en allant à l'essentiel (on parle souvent d'*elevator pitch* en référence au temps dont on dispose pendant un trajet d'ascenseur).

Offrez-vous une session de rattrapage

Il est tout à fait possible de reprendre contact avec des personnes perdues de vue. Essayez autant que possible d'anticiper cette reprise de contact avant d'avoir quelque chose à demander.

Vous pouvez reprendre contact :

- **Spontanément, sans avoir besoin de prétexte** : il peut par exemple s'agir d'un camarade que vous n'avez pas croisé depuis votre dernière année d'études par exemple. Cette reprise de contact est très facile avec les réseaux sociaux puisque les personnes peuvent être retrouvées grâce à un moteur de recherche.
- **Avec une idée** : vous pouvez profiter d'une occasion pour reprendre contact, par exemple pour transmettre une information sur un poste à prendre.
- **En demandant un service** : dans ce cas, il faut être franc. Ne tournez pas autour du pot en faisant mine de prendre contact d'une manière désintéressée dans une première partie du message puis en demandant un service dans une deuxième partie du message. N'essayez pas non plus d'espacer le message de quelques jours. Cela serait cousu de fil blanc. Préférez un message clair en disant que cela fait longtemps que vous ne vous êtes pas parlé mais que vous reprenez contact pour un besoin. N'oubliez pas d'assortir votre message des deux précautions oratoires de base : « Bien entendu, je comprendrais que cela ne soit pas possible » et « À votre/ta disposition si je peux vous/t'être utile en retour. »

Fiche 8
COMBATTRE LES IDÉES REÇUES

Il existe de multiples manières de réseauter. Faites-le à votre manière : puisque c'est celle qui vous ressemble, c'est celle qui vous est la plus adaptée. Tout le monde a sa chance.

Le réseautage appelle de nombreuses idées reçues. Elles doivent être combattues ou, au moins, méritent des explications.

Idée reçue n° 1 : « Je n'ai pas de réseau ; je ne peux donc pas m'en servir »

À en croire certaines personnes, on ne peut réseauter que si l'on connaît beaucoup de monde, qui plus est des personnes haut placées. Ce n'est pas vrai. Tout le monde dispose d'un réseau, même le plus jeune des étudiants. Mieux, trop de personnes ne se rendent pas compte de l'étendue de leur réseau.

Toute personne que vous connaissez fait partie de votre réseau, tout comme vous faites partie du sien.

Pour vous rendre compte du nombre de personnes que vous connaissez, commencez par les lister parmi :

- votre famille et les amis de la famille ;
- vos amis et les amis de vos amis ;
- vos camarades d'écoles ;
- les personnes que vous avez connues lors de vos stages en entreprise, etc.

Cela correspond déjà à une multitude de secteurs.

Tenez une liste de vos contacts à jour pour vous souvenir de toutes ces personnes. Même si cela vous semble fastidieux à première vue, vous gagnerez un temps précieux en le faisant.

À noter

Voici une astuce pour reprendre contact avec une personne qui pourrait vraisemblablement vous avoir oublié : intitulez l'e-mail que vous lui envoyez : « Reprise de contact » (voir le bonus 5 : « Dix objets d'e-mails utiles »).

Idée reçue n° 2 : « Je vais déranger »

Trop de personnes ne veulent pas solliciter d'autres personnes, qu'elles fassent partie de leurs contacts ou non, par peur de déranger. C'est particulièrement vrai pour les étudiants et pour les jeunes professionnels. S'il est important de solliciter d'autres personnes au bon moment et de manière appropriée, vous vous rendrez compte qu'une demande bien formulée fait souvent mouche et que les professionnels sont souvent ravis d'aider des personnes en début de parcours. Vous pouvez par exemple essayer de contacter des anciens de votre école (voir la fiche 46 « Miser sur les alumni »).

Idée reçue n° 3 : « C'est réservé à une élite »

Ne croyez pas que le réseautage est réservé à une élite académique. Certes, une scolarité au sein d'une école prestigieuse qui vous a permis de créer des liens avec des personnes disposant d'un fort potentiel, constitue un précieux atout. Pour autant, il est possible de construire son réseau au fil du temps sans avoir fait de grande école. Tout dépendra de votre méthode, de votre persévérance et de vos prédispositions. Et inversement, ce n'est pas parce que vous êtes diplômé d'un établissement prestigieux que votre réseau est fait. Il faut dompter ce réseau.

Idée reçue n° 4 : « Le réseautage, c'est forcément mondain »

Beaucoup de personnes disposant d'un réseau étoffé ne sont pas amateurs de petits fours. Les cocktails et autres mondanités font partie du réseautage mais ils ne font pas tout. Réseauter efficacement revient d'abord à se rendre utile à ses contacts. En outre, il faut savoir se comporter dans les cocktails. N'y allez pas pour collectionner des cartes de visite de personnes que vous ne reverrez jamais.

Idée reçue n° 5 : « Ce n'est que le piston »

Vous devez bien différencier le « piston » de l'aide obtenue grâce à un réseau que vous vous seriez constitué par vous-même.

En Allemagne, le petit nom du piston est la vitamine B comme « Beziehung » (relations).

Les frontières sont parfois poreuses. Si cela revêt une importance pour vous, voici une manière de graduer l'aide que vous pourriez recevoir :

- le piston ;

  Vous avez été recruté en stage par sympathie pour un membre de votre famille, sans même passer un entretien d'embauche par téléphone.

- le coup de pouce ;

  Exemple Suite à la parution d'une annonce qui vous intéressait, votre curriculum vitæ a été transmis par un contact de vos parents à la bonne personne au sein de l'entreprise qui recrute. Une chance de plus d'obtenir le rendez-vous. À vous de vous débrouiller pour avoir le stage ou le poste. Cela sera bien entendu plus qu'un coup de pouce si vous n'êtes pas choisi et que votre contact rappelle pour que vous le soyez. Dans ce dernier cas, vous pourrez clairement considérer que vous avez été pistonné.

- le réseau que l'on s'est fait par soi-même et que l'on sait activer.

  Vous avez pris spontanément contact avec le chef d'entreprise d'un secteur qui vous intéresse afin qu'il vous parle de son métier. Convaincu de votre motivation et de votre volonté de bien faire, il propose de transmettre votre curriculum vitæ à deux de ses fournisseurs susceptibles de vous recruter en tant que stagiaire. Cela n'a strictement rien à voir avec le piston : vous vous êtes débrouillé tout seul. Bravo !

Quelle que soit l'hypothèse, l'essentiel est de vous montrer digne de l'aide que l'on vous apporte. Ne mettez pas en porte-à-faux les personnes qui vous recommandent. Pour cela, transmettez curriculum vitæ et lettre de motivation en temps et en heure, préparez vos rendez-vous, soyez ponctuel le jour J et remerciez tout le monde. Enfin, tenez informée la personne qui vous a donné un coup de pouce.

Fiche 9
PRENDRE CONSCIENCE DES RISQUES

Réseauter nécessite de prendre des risques. Ceux-ci peuvent heureusement être minimisés.

Toute action permettant d'espérer un retour sur investissement suppose un risque. Le réseautage ne fait pas exception à la règle. Quels que soient ces risques, ils méritent d'être considérés pour vous et pour les toutes les parties prenantes à vos activités de réseautage.

Il faut être prudent lorsque l'on s'exprime par écrit. Certaines choses doivent être exclusivement exprimées oralement. Souvenez-vous de surcroît que les écrits restent. Enfin, ne négligez pas les quiproquos que peut générer un e-mail pourtant neutre pour son expéditeur : le ton d'un message écrit peut être mal interprété par son destinataire.

Risques de réputation

Il existe de nombreux risques susceptibles de ternir votre réputation et, par ricochet, celles des personnes qui ont confiance en vous.

Pour vous

Vous risquez fort de vous décrédibiliser si vous n'êtes pas vigilant à :

- **Tenir vos engagements** : soyez fidèle à votre parole ; si vous vous êtes engagé à faire quelque chose, faites-le. De même, si vous vous êtes engagé à assister à un événement, allez-y. Si vous ne pouvez pas y aller, faites-le savoir en temps utile.

- **Recommander des personnes de confiance** : ne recommandez pas une personne uniquement parce que vous la connaissez. S'il est tout à fait louable de vouloir aider les autres, cela ne doit pas se retourner contre vous. C'est pour cela qu'il vous faut apprendre à sélectionner les amis ou professionnels que vous allez recommander.

Pour les autres

Et inversement, la personne qui vous recommande prend un risque. Qu'il s'agisse d'un proche ou non, il ne faut pas mettre cette personne en porte-à-faux.

Risques d'indiscrétion

Soyez vigilant aux informations que vous transmettez aux autres. Il vous faut apprendre à maîtriser votre communication.

Pour vous

Dosez les informations que vous donnez aux autres sur votre projet professionnel, par exemple. Même les personnes les mieux attentionnées pourraient donner votre nom un peu trop facilement à des recruteurs potentiels. Cela pourrait vite revenir aux oreilles de votre employeur actuel qui ne se doute pas que vous êtes « à l'écoute du marché », selon l'expression consacrée. Vos contacts doivent vous demander l'autorisation avant de donner votre nom. De même, n'ébruitez pas la bonne nouvelle de votre future embauche avant d'avoir effectivement signé.

Pour les autres

Ne parlez pas à tout va de l'activité de l'entreprise. Évitez par exemple d'en dire trop sur les réseaux sociaux, qu'il s'agisse des publications que vous faites ou encore des missions décrites dans vos références. Ne sous-estimez pas la capacité de personnes bien informées sur leur secteur à deviner de quoi vous parlez.

Faire relire votre rapport de stage à votre tuteur. Il s'assurera que vous n'y divulguez pas des informations qui seraient trop utiles à la concurrence si elle y jetait un œil. Pas question non plus d'y faire figurer des noms de clients. Par précaution, secret avant tout ! De même, sachez que certains concurrents de votre employeur pourraient vous proposer un entretien pour vous faire parler et ainsi assurer leur veille concurrentielle. Distillez les informations avec prudence.

Risques de perte de temps

Il va vous falloir apprendre à gérer votre temps, faute de quoi vous pourriez, vous et vos contacts, perdre un temps et une énergie précieux.

Sélectionner ses projets

Si vous ne sélectionnez pas ce sur quoi vous investissez du temps, vous risquez de vous faire manger par le réseau. C'est également valable pour tous les événements auxquels vous êtes convié.

Faire perdre son temps aux autres

Ne sollicitez votre réseau qu'à bon escient. Essayez de vous adresser aux bonnes personnes : c'est-à-dire celles pour qui le service que vous demandez ne représente pas un effort trop difficile ou trop chronophage.

En définitive, il revient à chacun de réfléchir à sa propre éthique. Posez-vous les bonnes questions pour être certain que vous faites loyalement les choses. Si quelque chose s'est mal passé, reconnaissez simplement vos torts. Tout le monde fait des erreurs.

LES DIX RÈGLES D'OR DU RÉSEAUTAGE

1. **Donner pour recevoir.** *Si vous ne pensez qu'à vous, vous vous rendrez vite compte que vous ne tirerez pas grand-chose de votre réseau.*
2. **Penser à long terme.** *En réseautant jeune, vous prenez de l'avance sur vos futurs concurrents. Faites preuve de patience. Un contact pourra vous être utile au moment où vous vous y attendrez le moins.*
3. **Entretenir ses contacts.** *Animez votre réseau au lieu de chercher à connaître uniquement de nouvelles personnes.*
4. **Trouver sa manière de réseauter.** *Débloquez-vous psychologiquement : ce n'est parce que vous êtes jeune que vous n'avez rien à apporter aux autres ou que vous allez les déranger.*
5. **Être méthodique.** *Le réseau demande beaucoup d'organisation et de régularité dans ses efforts.*
6. **Écouter les autres.** *C'est le meilleur moyen de savoir comment leur être utiles.*
7. **Réseauter avec tout le monde.** *Méfiez-vous des apparences : vous ne pouvez pas savoir qui pourrait vous être utile un jour ni qui connaît qui.*
8. **Réfléchir aux conséquences de ses actions.** *Le réseautage comporte des risques pour vous et pour les autres.*
9. **Agir avec délicatesse.** *Il ne s'agit pas seulement d'être poli en remerciant ses contacts. Il faut également donner envie de vous aider.*
10. **Savoir rebondir.** *De multiples opportunités d'être utile aux autres ou de nouer de nouveaux contacts peuvent être saisies.*

Partie 2
PROFITER DES RÉSEAUX SOCIAUX

Que vous utilisiez les réseaux sociaux à titre privé ou professionnel, vous devez élaborer votre stratégie digitale.

Objectifs

√ Comprendre l'utilisation des réseaux sociaux dans une optique de réseautage.

√ Minimiser leurs risques.

√ Apprendre à garder un œil sur son réseau en y consacrant un temps raisonnable.

Fiche 10
COMPRENDRE LES RÉSEAUX SOCIAUX

Il existe une multitude de réseaux sociaux. Connaître leurs fonctionnalités, qui évoluent sans cesse, ne revient pas nécessairement à dire que vous savez les utiliser.

Vous savez certainement ce que sont les réseaux sociaux. Il semble tout de même important d'essayer de les définir : ce sont des plateformes virtuelles permettant à des contacts, connectés entre eux ou non, d'être visibles, d'échanger des informations ou du contenu. Puisqu'ils permettent la plupart du temps de partager des informations, ils peuvent également être considérés comme des médias sociaux.

Un réseau social n'est pas forcément digital. Votre groupe d'amis est aussi un réseau social. Toutefois, par simplicité, on parlera des réseaux sociaux tout au long de ce livre pour désigner les réseaux sociaux digitaux.

Les réseaux sociaux ont bouleversé le réseautage. Ils permettent en effet de garder contact très facilement avec son réseau. Ils recèlent également certains pièges, le premier étant d'y passer trop de temps au regard du résultat obtenu (voir encadré p. 39).

Il vous appartient de réfléchir à la meilleure manière d'utiliser les réseaux sociaux en fonction de la finalité : trouver un travail ou être en veille sur le sujet, garder le contact avec son réseau, trouver des clients, faire de la publicité, etc.

Réfléchissez aux réseaux sociaux sur lesquels vous voulez apparaître et à votre manière de les utiliser pour affiner votre stratégie digitale. Vous ne perdrez pas votre temps. Notez enfin que ce n'est pas parce que vous connaissez leurs fonctionnalités que vous savez nécessairement vous en servir.

Les différents types de réseaux sociaux

Il se crée toujours plus de réseaux sociaux. Apprenez à segmenter leur usage. Plus que la question de savoir s'ils sont personnels ou professionnels, il faut apprendre à en régler les paramètres.

Réseaux sociaux plutôt utilisés à titre personnel

On trouve aujourd'hui un grand nombre de réseaux sociaux grand public, parmi lesquels : Facebook, Google, Twitter, Pinterest, etc. Ils sont plutôt utilisés à titre personnel par les étudiants et les jeunes professionnels.

Il est possible de retrouver des camarades de promotion grâce à Facebook si ceux-ci ont indiqué dans quelle(s) école(s) ils ont étudié. Particulièrement pratique s'ils n'ont pas encore franchi le pas en s'inscrivant sur les réseaux sociaux professionnels.

Réseaux sociaux utilisés à titre professionnel

Certains sont dédiés à la vie professionnelle, comme LinkedIn ou Viadeo, les plus connus en France. Des nouveaux venus, tels qu'Amplement, apparaissent. Chaque réseau a ses spécificités (zones géographiques plus ou moins restreintes, langues principalement utilisées, etc.). À vous de choisir celui ou ceux qui vous semblent les plus utiles. Dans la mesure où la plupart des professionnels y voient une occasion de détailler leur parcours, les réseaux sociaux professionnels sont surtout connus pour faciliter un changement de poste ou un recrutement. C'est ce dont il sera le plus question dans ce livre. Pour autant, ne négligez pas leur importance en termes de développement d'affaires.

Certains réseaux sociaux comme Yupeek et Wizbii sont aujourd'hui dédiés aux étudiants et aux jeunes diplômés à la recherche d'un poste. D'autres réseaux sociaux plus généralistes adressent par ailleurs des messages spécifiques aux étudiants. LinkedIn a par exemple lancé un portail d'informations spécifiquement dédié aux étudiants : *https://students.linkedin.com/fr-fr*.

Comprendre leur fonctionnement

Bien souvent gratuits, les réseaux sociaux permettent d'être visible et d'interagir aisément avec son réseau.

Utilité des réseaux sociaux

Les réseaux sociaux professionnels sont particulièrement utiles pour :

- Être bien référencé sur des moteurs de recherche : sauf exception, même des visiteurs qui ne seront pas connectés à vous pourront accéder à votre profil. En tapant votre nom sur ce moteur de recherche, votre profil ressortira très rapidement.
- Présenter son parcours en un coup d'œil : si vous faites l'effort de bien mettre à jour votre profil, un recruteur potentiel verra tout de suite quelle est votre formation et quels sont les stages que vous avez effectués.
- Garder ou reprendre contact avec des membres de votre réseau. Cela comprend les personnes que vous connaissez peu, celles que vous n'avez plus l'occasion de fréquenter en ce moment ou celles dont vous avez perdu la trace. C'est une occasion en or pour un jeune étudiant de disposer d'une vue panoramique sur son réseau en construction.
- Recueillir de l'information. Celle-ci peut avoir trait aux professionnels que vous allez rencontrer, aux structures susceptibles de vous recruter ou aux clients que vous allez démarcher.

De multiples fonctionnalités

Très schématiquement, les réseaux sociaux professionnels permettent généralement :

- de voir quelles connexions sont communes avec des personnes présentes sur ce réseau social et éventuellement de les mettre en relation ;
- d'effectuer des recherches avec des degrés de précision variables ;
- d'envoyer des messages (dans certains cas uniquement aux gens avec qui vous êtes connecté) ;
- d'échanger à travers des groupes ;
- de créer des pages ;
- de suivre des entreprises (des structures en général) ou des personnes ;
- de partager des nouvelles avec ses contacts ;

- de bénéficier d'un système de recommandations, qu'il s'agisse de recommandations écrites ou de recommandations de compétences.

Aujourd'hui, un grand nombre de personnes connaissent ces fonctionnalités, qui sont en perpétuelle évolution. Cela ne les empêche pas de se laisser porter par les réseaux sociaux sans se poser de réelles questions stratégiques sur leur utilisation. C'est une grosse erreur. Les pages suivantes vont vous aider à vous poser les bonnes questions.

Cerner les limites des réseaux sociaux

Vous vous rendrez vite compte que les réseaux sociaux ne remplacent pas les rencontres réelles. Soyez conscient de leurs limites :

- Ne faites pas trop confiance aux informations qui y figurent : il y a beaucoup de gonflette dans les descriptions de profils et dans les compétences revendiquées (voir la fiche 15 « Montrer son meilleur profil »).
- Les demandes de connexion de personnes que vous ne connaissez pas sont souvent sans intérêt (voir la fiche 16 « Se connecter aux bonnes personnes »).

Fiche 11
ÊTRE VISIBLE SUR LES RÉSEAUX SOCIAUX

Les réseaux sociaux permettent d'être visible pour des recruteurs potentiels et de rester en contact avec ses relations très facilement. Adoptez les bons réflexes.

Les réseaux sociaux vous permettent aussi d'être vus par une communauté d'utilisateurs. Cette communauté peut être constituée :

- de personnes que vous connaissez et avec qui vous êtes éventuellement connecté ;
- d'inconnus pouvant potentiellement visiter votre profil pour de multiples raisons, soit qu'ils vous trouvent au gré d'une recherche, soit qu'ils appartiennent au même groupe professionnel thématique ou d'anciens que vous, etc.

Être visible par la communauté

Être visible est très utile. Soyez-le de la bonne manière.

Par vos contacts et leurs contacts

Les réseaux sociaux constituent un moyen très efficace pour que vos contacts pensent à vous.

En étant présent sur les réseaux sociaux, vous serez potentiellement visible par :

- vos contacts, c'est-à-dire les utilisateurs avec lesquels vous vous êtes connecté ;
- les contacts de vos contacts ; en effet, quand vos contacts aiment, partagent ou commentent une actualité vous concernant, ces actualités deviennent par défaut visibles par leurs contacts qui auront parfois l'envie de consulter votre profil pour en savoir davantage sur vous.

Certains réseaux sociaux vous permettent de voir qui a visité votre profil. Ne croyez pas qu'une personne qui l'a fait est forcément intéressée par vous. Ne vous sentez pas obligé de lui envoyer un message. Certaines personnes jugent cette technique de *social selling* particulièrement intrusive.

Vous l'aurez compris, tout cela peut être aussi positif (si vous postez le lien d'un article que vous avez publié par exemple) que négatif (si vous rédigez des statuts inappropriés sur votre vie au travail par exemple). C'est pour cela que vos paramètres de confidentialité méritent d'être réglés aussi finement que possible (voir le bonus 4: «Régler les paramètres de confidentialité des réseaux sociaux»).

Par les recruteurs

Les réseaux sociaux peuvent également vous permettre d'être trouvés par des recruteurs potentiels ou par leurs contacts. Qu'ils soient recruteurs en entreprise ou en cabinet (voir section «Intéresser les chasseurs de têtes» à partir de la page 94), ceux-ci utilisent également les réseaux sociaux pour trouver des informations. Soyez donc vigilant à donner une bonne image de vous sur la toile. Autant de raisons de peaufiner votre profil et de réfléchir aux meilleurs moyens d'attirer leur attention en soignant vos mots-clés et votre résumé par exemple.

Interagir avec la communauté

Réfléchissez toujours avant de vous exprimer.

Publier un statut

En publiant un statut, vous pouvez annoncer une nouvelle ou commenter une information. Si vous êtes sur un réseau social personnel, réglez bien vos paramètres de confidentialité de manière à ce que vos contacts proches uniquement aient accès à vos publications. De manière générale, limitez les risques en évitant d'étaler votre vie professionnelle sur les réseaux sociaux.

Commenter

Si vous êtes sur un réseau social professionnel, soyez encore plus prudent avec votre image: ce que vous dites peut être vu par de multiples personnes, y compris par des collègues ou des recruteurs potentiels. Tous les sujets ne méritent pas d'y être commentés.

Aimer

En termes de réseautage, l'action d'aimer ou de « liker » est assez utile. Elle permet de soutenir ou de féliciter un de vos contacts, par exemple à l'occasion d'une bonne nouvelle. Cantonnez-vous à ces dernières. Dans la sphère professionnelle, mieux vaut en effet éviter d'afficher un soutien trop marqué à certaines causes ou certaines remarques qui seraient « connotés ».

Partager

Vous pouvez enfin partager des publications sur votre propre espace de publication (votre « mur »). Soyez vigilant, les réseaux sociaux professionnels ne sont pas non plus faits pour que vous partagiez des photos trop personnelles. Restez sérieux.

Marquer son intérêt pour un sujet

Pour marquer un intérêt pour un sujet, vous pouvez également :
- **Tenir un blog** : c'est une excellente manière d'être visible et crédible si vous parvenez à le faire vivre.
- **Opter pour la curation de contenu** : celle-ci vous permet de revendiquer une appétence particulière pour un sujet en partageant votre veille d'informations sur celui-ci. Vous pouvez par exemple utiliser Scoop It.

Fiche 12
RECHERCHER DES INFORMATIONS

Les réseaux sociaux permettent de dénicher des informations sur le milieu professionnel que vous souhaitez intégrer tout comme ils peuvent vous aider à préparer un entretien.

Les réseaux sociaux permettent d'accéder à une mine de données sur le monde professionnel. Vous pourrez y trouver de précieuses informations pour avancer dans vos recherches ou préparer un entretien d'embauche.

Les réseaux sociaux professionnels sont aujourd'hui utilisés dans la plupart des secteurs d'activité. Toutefois, certains d'entre eux utilisent davantage LinkedIn que Viadeo par exemple. Dans l'absolu, mieux vaut être inscrit sur deux réseaux sociaux. Si vous ne devez en choisir qu'un, optez aujourd'hui pour LinkedIn : son avance sur Viadeo est devenue considérable.

Informations sur les personnes

Puisque les réseaux sociaux professionnels sont une véritable banque de curriculum vitæ en ligne, ne vous privez pas de consulter ces informations.

Suivre les parcours de ses contacts

En termes de réseautage, il est fondamental de savoir ce que deviennent ses contacts. Les réseaux sociaux simplifient la possibilité de rester en contact avec :

- les maîtres de stage et les supérieurs hiérarchiques ;
- les collègues ;
- les professionnels rencontrés au cours de vos différentes activités (fournisseurs de l'entreprise, etc.) ;
- les autres stagiaires, etc. ;
- les connaissances personnelles.

Plus vous serez expérimenté, plus vous prendrez conscience de l'importance de savoir ce que sont devenues des personnes perdues de vue. Gagnez donc du temps en commençant dès maintenant à rester en contact avec ces personnes. Vous connecter sur les réseaux sociaux constitue la première étape. Le reste se fera naturellement.

Que vous allez rencontrer

Jetez un œil sur le parcours du recruteur pour voir par exemple si vous disposez de relations communes. Si vous consultez les profils de personnes que vous allez rencontrer au gré d'un entretien, pensez à bien régler les options permettant de rendre votre profil de visiteur anonyme (voir le bonus 4 : « Régler les paramètres de confidentialité des réseaux sociaux »).

À noter

Vous devez montrer que vous avez préparé les entretiens, pas que vous vous êtes livré à une véritable opération d'espionnage sur le recruteur. Servez-vous plutôt de ces informations pour orienter la discussion et poser des questions pertinentes. Il serait malvenu de dire que vous avez visité de fond en comble son profil Facebook.

Recherches de profils similaires

Les moteurs de recherche des réseaux sociaux professionnels (voir encadré page 47) vous permettront de voir quel est le profil des personnes travaillant dans l'entreprise ou le secteur d'activité que vous visez :

- Quelle est leur formation ?

  Les ingénieurs qui travaillent sur le type de poste que convoitez ont quasiment tous choisi la même spécialité, biochimie et biotechnologies, au sein de la même école.

- Quels sont les débouchés ? Les réseaux sociaux peuvent également vous aider à voir ce que sont devenus les anciens élèves de votre école, qu'ils travaillent dans l'entreprise ou non. En prime, après les avoir ainsi identifiés, vous pourrez prendre contact avec eux.
- Où ont-ils effectué leurs stages ? Les personnes qui occupent certaines fonctions ont-elles effectué des stages très différents ou, au contraire, leur parcours est-il très formaté ?

  Les personnes embauchées dans des fonds d'investissement en *private equity* ont souvent effectué des stages dans des sociétés de conseil en stratégie.

- Quel a été leur parcours professionnel ? Certains parcours sont très balisés.

  Il est très apprécié d'avoir été auditeur quelques années avant de rejoindre une entreprise à un poste de responsable financier.

Vous pourrez en outre vous inspirer des profils, par exemple des élèves des années précédentes, pour rédiger le vôtre au mieux. Faites-le évoluer au fil du temps.

Notez enfin que les réseaux sociaux vous permettront de retrouver la trace de personnes que vous avez rencontrées lors d'entretiens d'embauche, d'anciens collègues, etc., tout comme ils vous permettront d'être vous-même retrouvé (voir encadré page 47).

Informations sur les entreprises

Les entreprises sont de plus en plus présentes sur les réseaux sociaux, par l'intermédiaire des pages ou des groupes qu'elles animent. C'est une occasion de recueillir des informations sur les postes à pourvoir ou sur les entreprises elles-mêmes.

Les entreprises qui recrutent

Les réseaux sociaux vous permettent d'avoir accès à de nombreuses annonces. Celles-ci peuvent par exemple être diffusées sur les pages de l'entreprise qui recrute.

S'informer sur les entreprises elles-mêmes

Certaines entreprises ne parlent pas beaucoup d'elles sur leur site. Complétez ces informations institutionnelles avec celles que vous trouverez sur les réseaux sociaux pour en apprendre davantage.

Ceux-ci peuvent vous permettre de :

- **Reconstituer les organigrammes** : rares sont les entreprises détaillant leurs organigrammes sur leur site. Il peut être intéressant de chercher sur les réseaux sociaux combien de personnes sont en charge du secteur d'activité et du service dans lequel vous allez travailler.

Les administrations centrale et territoriale mettent très souvent des organigrammes en ligne. Vous pouvez y trouver les noms des personnes qui pourraient vous recruter ou occupent les fonctions qui vous intéressent. Profitez-en pour vous renseigner sur leur parcours.

- **Glaner des informations sur les profils des personnes qui font partie de l'entreprise** : certains professionnels détaillent les informations sur l'entreprise, les missions qui leur sont dévolues ou encore leurs références récentes.

Il existe une différence entre les groupes et les pages sur les réseaux sociaux. Alors que les pages servent à afficher une présence et à être informé d'un flux d'informations, les groupes permettent aux membres d'échanger directement entre eux.

Des recherches plus ou moins limitées sur les réseaux sociaux

S'il n'est pas toujours nécessaire d'être inscrit sur les réseaux sociaux pour visualiser certains profils, il faut souvent l'être pour accéder à leurs moteurs de recherche, ceux-ci étant plus ou moins élaborés. La possibilité d'effectuer des recherches dépend souvent de l'abonnement que vous avez souscrit. Sur LinkedIn par exemple, les recherches sont limitées dans les résultats avec un abonnement gratuit. Cela sera souvent suffisant. Sachez enfin que les résultats que vous obtiendrez dépendront souvent du nombre de contacts que vous compterez dans votre carnet d'adresses. Ne vous connectez pas pour autant à n'importe qui (voir la fiche 16 «Se connecter aux bonnes personnes»).

Fiche 13
ENVOYER DES MESSAGES

Les réseaux sociaux permettent d'envoyer des messages à des personnes avec qui vous êtes connectés ou non.

Il est primordial de réfléchir à la finalité du message et à la manière dont il peut être envoyé par vous et reçu par votre bénéficiaire.

Réfléchir à la finalité du message

Selon les cas, vous enverrez des messages :

- à des personnes que vous connaissez ;
- à des personnes que ne vous ne connaissez pas ; ce sera parfois pour les inviter à se connecter à vous.

Que proposer ?

Vous pouvez :

- **Envoyer un message lié à une invitation** : personnalisez dans la mesure du possible le message lorsque vous invitez une personne à se connecter à vous sur les réseaux sociaux. Cela vous permettra de rappeler à la personne que vous invitez dans quel contexte vous avez fait sa connaissance. Si vous connaissez bien la personne que vous invitez, vous pouvez vous passer de ce message.

  Exemple « Chère Madame, j'ai été ravi de faire votre connaissance hier lors de la conférence sur les énergies renouvelables organisée par l'Association des énergies du futur. Je vous propose de rejoindre mon réseau sur LinkedIn. Salutations distinguées, Maxime Maeght. »

- Proposer à votre interlocuteur **un échange ou une rencontre autour d'un sujet** :

> « Cher Monsieur, je me permets de vous contacter car j'aimerais en savoir davantage sur l'industrie des drones. En effet, je projette de candidater prochainement pour un stage dans ce secteur. Il me serait très utile d'échanger informellement avec vous sur ce sujet afin de parfaire ma connaissance de ce domaine. Je vous remercie par avance pour l'attention que vous porterez à ce message et reste à votre écoute. Salutations distinguées, Maxime Maeght. »

Cerner les contraintes techniques

Deux hypothèses doivent être distinguées.

Possibilité limitée d'envoyer des messages

Certains réseaux sociaux permettent d'envoyer un certain nombre de messages ou de les envoyer uniquement aux personnes à qui l'on est connecté. Dans ce dernier cas, commencez par envoyer une invitation accompagnée d'un message donnant envie de se connecter à vous.

Pour envoyer des messages à des personnes que vous ne connaissez pas, il existe souvent d'autres moyens que de passer par les réseaux sociaux. Vous pouvez utiliser les annuaires d'anciens de votre école qui fournissent les adresses e-mail des personnes que vous pourriez contacter (voir la fiche 46 « Miser sur les Alumni »).

Possibilité illimitée d'envoyer des messages

D'autres réseaux permettent d'envoyer des messages à des personnes auxquelles on n'est pas connectées, parfois de manière illimitée.

S'agissant des réseaux sociaux professionnels, ces possibilités dépendront souvent de l'abonnement que vous avez souscrit (voir la fiche 14 « Opter pour les bons réseaux sociaux »).

Prise de contact par e-mail ou par message sur le réseau social ?

Il n'y a pas de règles précises sur la question de savoir si un message envoyé sur un réseau social est préférable à un e-mail classique. Certaines personnes sont aujourd'hui plus facilement joignables sur LinkedIn par exemple que par un e-mail. Pour autant, il reste encore un très grand nombre de personnes qui ne sont pas attentives aux messages directement reçus sur les réseaux sociaux.

Vous pouvez prendre contact sur LinkedIn par exemple en ajoutant un message contenant une interrogation ou une proposition de rencontre. En l'absence de réponse à ce message, envoyez un e-mail dont l'objet pourrait être : « Suite à notre connexion sur LinkedIn ».

Notez qu'une fois que vous vous serez connecté à certaines personnes sur les réseaux sociaux, vous pourrez accéder à leur adresse email. Il s'agira plus souvent d'une adresse e-mail personnelle que professionnelle. Servez-vous plutôt des informations sur cette personne et sur son entreprise pour retrouver son adresse e-mail professionnelle. En effet, ce sera beaucoup moins intrusif de lui envoyer un message sur son adresse professionnelle que sur son adresse personnelle.

Fiche 14
OPTER POUR LES BONS RÉSEAUX SOCIAUX

Pour trouver un emploi, misez d'abord sur les réseaux sociaux professionnels. Les autres réseaux sociaux offrent d'autres types d'informations.

Il existe de multiples réseaux sociaux dont les finalités sont très différentes.

Utilisation en fonction de la finalité

Demandez-vous dans quelle optique vous pourriez utiliser un réseau social :

- Pour entretenir votre carnet d'adresses.
- Pour attirer l'attention de recruteurs. À ce titre, les réseaux incontournables sont LinkedIn et Viadeo. Des réseaux sociaux spécifiquement dédiés au recrutement des étudiants et des jeunes diplômés ont été créés. Il s'agit par exemple de Yupeek et de Wizbii.

Certains réseaux sociaux utilisés par la plupart des utilisateurs à titre personnel peuvent l'être à titre professionnel par certains métiers, comme ceux de la communication et du marketing : Pinterest, Flickr, Google +, Instagram, etc.

- Pour effectuer une veille sur les tendances de votre secteur professionnel : Twitter ou Scoop It permettent par exemple de collecter ce type d'informations.

Critères de choix

Posez-vous les bonnes questions pour faire vos choix.

- **Le public visé** : les réseaux sociaux peuvent aussi être thématiques ou s'adresser aux professionnels d'une zone géographique donnée. C'est par exemple le cas de Xing pour l'Allemagne.
- **Le tarif** : la plupart des réseaux sociaux professionnels sont gratuits dans leur version de base. Ils proposent également des options payantes. Deux cas de figure doivent être distingués :
  - Soit la version de base n'est pas très développée, rendant l'abonnement quasiment indispensable, il n'est alors pas très onéreux. C'est le cas de Viadeo par exemple.
  - Soit la version de base est suffisante pour la plupart des professionnels. La version payante permettra d'accéder à des fonctions plus poussées (en termes de critères de recherche notamment) ou à des fonctions inexistantes sur la version de base. Elle sera alors plus chère. C'est le cas de LinkedIn. Un abonnement sur LinkedIn permet par exemple d'envoyer des messages à des membres du réseau social auprès de qui le demandeur n'est pas connecté. Notez que des versions payantes existent pour les chercheurs d'emploi. Un jeune chercheur d'emploi peut tout à fait s'en passer.
- **Le confort d'utilisation** : les réseaux sociaux les plus utilisés sont généralement très ergonomiques. Certains réseaux très spécialisés peuvent l'être un peu moins.
- **La recherche de discrétion** : ne négligez pas ce critère, il est essentiel en termes de réseautage. Il convient par exemple de savoir si vous pouvez consulter un profil sans que le membre en question soit au courant de cette visite. Cela n'est pas possible sur tous les réseaux sociaux. Dans la plupart des cas, les réseaux sociaux permettent de voir quelles sont les connexions partagées de deux membres sans que cela puisse être rendu invisible.

Un ou plusieurs réseaux sociaux ?

La plupart de vos contacts seront présents sur un seul réseau social professionnel. Afin de maximiser vos efforts de réseautage, vous avez donc tout intérêt à être inscrit sur plusieurs d'entre eux. Creusez aussi dans la liste des réseaux existants en fonction de vos activités. Par exemple, un étudiant spécialisé dans le secteur franco-allemand aura tout intérêt à s'inscrire sur Xing. D'autres réseaux sociaux ont été spécifiquement mis en ligne pour fédérer des professionnels d'un secteur en particulier : c'est par exemple le cas de Findbrok qui est dédié aux professions réglementées. Enfin, certains d'entre eux sont particulièrement prisés par certaines fonctions, comme Google + pour la communication. Soyez enfin vigilant à faire coïncider les informations que vous donnez sur chacun d'entre eux, notamment en les mettant à jour.

Fiche 15
MONTRER SON MEILLEUR PROFIL

Il importe de donner envie à un visiteur de s'attarder sur votre profil, voire même de vous proposer une rencontre ou un rendez-vous téléphonique.

Les réseaux sociaux vous permettent de montrer votre parcours en un coup d'œil.

Fignoler son profil

Il importe de bien réfléchir à votre profil pour en faire ressortir le meilleur.

Doser les informations

Si un profil incomplet ne donne pas suffisamment d'informations pour intéresser un recruteur, ne tombez pas dans l'excès inverse en le noyant sous un flot de détails. Si vous voulez être recruté, précisez ce que vous recherchez (un stage de telle à telle période par exemple). Bien évidemment, si vous êtes en poste et que vous souhaitez changer de fonctions, ne le précisez pas aussi clairement.

Ne choisissez pas une photo de profil trop familière. Elle doit être professionnelle, semblable à celle que vous feriez figurer sur un curriculum vitæ. Et si vous hésitez, sachez qu'en faire figurer une sur votre profil est important. Cela vous aidera à mieux ressortir dans les résultats de recherche. De même, les personnes avec qui vous êtes en contact se souviendront plus facilement de vous avec une photo, surtout si vous ne vous êtes rencontrés qu'une fois.

Choisir les bons mots-clés

Utilisez les mots-clés qui définissent le mieux vos champs de compétence. Cela vous permettra d'être trouvé plus efficacement par les personnes qui utilisent le moteur de recherche d'un réseau social et de montrer à un recruteur que vous connaissez son secteur d'activité.

Exemple : Si vous postulez dans le secteur de l'ingénierie pétrolière, les bons mots-clés pourraient être : pétrole, production, *upstream* (exploration, production), etc.

Tenir à jour son profil

N'oubliez pas de mettre à jour votre profil à jour au fur et à mesure de vos expériences. Il serait dommage que votre dernière expérience significative ne soit pas détaillée alors que celle d'avant l'est énormément.

Certains réseaux sociaux professionnels, comme LinkedIn, permettent de créer son profil en plusieurs langues.

Rester crédible

La gonflette est parfois tentante. Tâchez de rester crédible.

Vos expériences

Décrivez en quelques lignes vos expériences pour montrer que vous avez tiré profit de vos stages. N'en faites pas trop : pas la peine de détailler toutes vos expériences comme si vous aviez sauvé le monde.

Faire passer un stage pour un emploi. Un œil averti s'en rendra très vite compte. Précisez que vous avez été stagiaire. D'autant que la multiplication d'emplois d'une durée de six mois paraîtra très vite louche.

Vos compétences

Les réseaux sociaux vous permettent aujourd'hui de revendiquer des compétences (les fameux *skills* de LinkedIn par exemple). Restez sobre si vous choisissez d'en faire figurer. N'oubliez pas qu'une compétence s'acquiert dans la durée, pas en trois mois de stage. Évitez également de faire figurer une liste de compétences à la Prévert. Choisissez celles que vous pourrez défendre. Un recruteur pourrait vous demander pourquoi vous prétendez être compétent sur tel domaine qui n'a rien à voir avec votre formation et votre expérience ou vous questionner sur une compétence l'intéressant réellement. Il serait dommage que vous séchiez justement sur celle-ci.

> Exemple. Si vous postulez dans un service de recherche et développement, ne mentionnez pas une compétence en crédit impôt recherche alors que vous n'y connaissez rien.

Certains réseaux sociaux professionnels « poussent » en quelque sorte les compétences en proposant aux utilisateurs de recommander certaines compétences de leurs contacts. Soyez sélectif et ne vous laissez pas influencer en acceptant d'être recommandé dans des matières qui n'ont rien à voir avec votre savoir-faire ou au moins votre formation.

Les recommandations

Il convient de solliciter les recommandations à bon escient :

- Demandez-vous auprès de qui les solliciter. Cantonnez-vous aux professionnels avec qui vous avez travaillé. Certaines recommandations n'ont pas grande valeur, par exemple celles des personnes avec lesquelles vous n'avez pas travaillé. Retenez que plus une personne a d'importance, plus sa recommandation a de la valeur.
- Comme toujours, sollicitez les recommandations élégamment. Laissez le choix à la personne de ne pas répondre.

Les réseaux sociaux permettent bien souvent de produire du contenu et donc de vous en servir comme un média en publiant des articles notamment. C'est par exemple le cas de LinkedIn Pulse. Montrez-vous très sélectif dans vos publications.

Fiche 16
SE CONNECTER AUX BONNES PERSONNES

Connectez-vous aux bonnes personnes pour réseauter aussi efficacement que possible. Plusieurs stratégies sont possibles.

Prenez le temps de réfléchir à l'utilisation que vous comptez faire des réseaux sociaux pour déterminer à qui vous connecter, que vous soyez le demandeur de la connexion ou la personne devant l'accepter.

En tant que jeune professionnel, vous aurez souvent moins de demandes d'entrée en relation qu'un professionnel expérimenté. Dans la plupart des cas, vous serez surtout demandeur de connexion.

Il convient d'abord de réfléchir à ce qu'implique une connexion sur un réseau social, que vous en soyez à l'initiative ou non.

Votre image n'est pas engagée

Ce n'est pas parce que vous êtes connecté à quelqu'un que vous cautionnez cette personne. Il est en revanche plus gênant de recommander textuellement une personne qui ne le mérite pas. Au pire, en vous connectant à un autre utilisateur, vous pourriez être sollicité par une relation commune pour donner votre avis sur le sérieux de cette personne.

Être sollicité

Si vous vous connectez à une personne, elle pourra plus facilement vous envoyer un message. Sauf à bien régler les paramètres du réseau social, vous serez noyé sous un flot d'informations si vous vous connectez à un trop grand nombre de personnes.

À qui se connecter ?

Plusieurs stratégies sont possibles

Vous pouvez :

- chercher à disposer du plus grand nombre de connexions possibles ; certains utilisent les réseaux sociaux pour développer leur notoriété, parfois même pour devenir des influenceurs.

  Exemple. Si vous créez votre entreprise, vous pouvez tenter de la faire connaître grâce à ce média.

- vous connecter aux personnes de votre écosystème professionnel.
- vous connecter uniquement aux personnes que vous connaissez ; c'est ce qui est le plus indiqué.

Quel que soit votre choix, ne tombez pas dans le piège de multiplier les contacts sans finalité. Vous pourriez réussir à être connecté à des milliers de personnes en un temps record. Sans but précis, être connecté à tout ce monde ne vous servira à rien.

Plus vous aurez de contacts, plus vous apparaîtrez dans les recherches faites sur un réseau social. Encore une fois, ce n'est pas pour autant une raison pour faire n'importe quoi en vous connectant à n'importe qui. Rassurez-vous : vous aussi vous connaissez du monde (voir la fiche 8 « Combattre les idées reçues »).

Votre entourage aussi

Les personnes de votre entourage direct doivent être invitées, même si elles ne font pas partie de votre univers professionnel. La richesse de votre réseau tient à sa diversité. Vous ne savez pas non plus qui connaît qui.

Le piège à éviter

Rester connecté à une personne avec qui vous êtes en mauvais termes, par exemple un maître de stage avec qui cela ne se serait pas bien passé. En figurant parmi vos relations communes, il pourrait être interrogé par une personne soucieuse de se renseigner sur vous avant de vous recruter, voire même de décider de vous recevoir. Sachez que si vous retirez une personne de vos relations sur les réseaux sociaux, celle-ci ne reçoit généralement pas de notification pour l'en avertir.

Aux personnes de votre entreprise

Cantonnez-vous toutefois aux personnes que vous connaissez, c'est-à-dire celles avec lesquelles vous avez échangé.

Aux personnes rencontrées dans le cadre professionnel

Sauf si vous sentez que cela pourrait être mal pris par votre entreprise (auquel cas, posez la question), connectez-vous aux contacts que vous rencontrez *via* l'entreprise qui vous emploie (les fournisseurs par exemple). Ils méritent eux aussi de figurer dans votre réseau.

Aux chasseurs de têtes

Les chasseurs de têtes sont une espèce à part pour vous (voir section « Intéresser les chasseurs de têtes », à partir de la page 94).

Aux camarades de promotion

Invitez uniquement les camarades de votre promotion ou des promotions précédentes que vous connaissez. Cela ne vous interdit pas de prendre contact avec des anciens de votre école (voir la fiche 46 « Miser sur les alumni »).

Le piège à éviter

Avoir honte du nombre de connexions affichées. C'est une erreur. D'autant que si vous reconstituez consciencieusement votre réseau, vous disposerez vite d'un carnet d'adresses fourni.

LES DIX RÈGLES D'OR DES RÉSEAUX SOCIAUX

1. **Garder en tête que ce ne sont que des outils au service du réseautage**. *Ne misez pas tout sur eux et consacrez-y un temps raisonnable.*
2. **Réfléchir à l'utilisation que l'on souhaite en faire**. *De nombreuses stratégies sont envisageables. Tâchez juste de rester cohérent.*
3. **Bien régler leurs paramètres de confidentialité**. *Cela doit être fait sur les réseaux sociaux que vous utilisez à titre personnel et à titre professionnel.*
4. **Se connecter aux bonnes personnes**. *De manière générale, ne cherchez pas à tout prix à accumuler des contacts. Et inversement, ne négligez pas de vous connecter aux personnes que vous connaissez.*
5. **Peaufiner son profil**. *Les informations qui figurent sur les réseaux sociaux professionnels doivent être véridiques mais percutantes.*
6. **Rester en veille permanente**. *De nouveaux réseaux sociaux se créent tout comme leurs fonctionnalités évoluent. Essayez de vous tenir informé.*
7. **Rester crédible**. *Évitez de revendiquer trop de compétences et de solliciter trop de recommandations, surtout si ces dernières sont données par vos amis.*
8. **Choisir les meilleurs mots-clés**. *Vous ressortirez mieux dans les moteurs de recherche des réseaux sociaux.*
9. **Chercher des informations sur plusieurs réseaux sociaux**. *Cela vous permettra de comparer les différentes informations que vous pourriez trouver sur l'entreprise et ses salariés.*
10. **Commenter sobrement**. *Vos excentricités et opinions pourraient ternir votre image auprès de recruteurs potentiels.*

Partie 3
RÉSEAUTER POUR ÊTRE RECRUTÉ

Votre réseau peut vous permettre de trouver un travail, à tous les stades de votre parcours.

Objectifs

√ Dénicher les informations sur le marché visible et sur le marché caché.

√ Donner envie à vos contacts, proches ou lointains, de vous aider dans le cadre de votre recherche d'emploi.

√ Apprendre à réseauter avec les recruteurs.

Fiche 17
S'APPUYER SUR LE SERVICE « CARRIÈRES »

Si votre école dispose d'un service « Carrières », profitez de cette opportunité pour trouver un stage ou un premier emploi.

Il est ici question d'école au sens large pour désigner tous les établissements d'enseignement supérieur : universités, écoles de commerce ou d'ingénieurs, etc.

Le service « Carrières » peut vous aider à trouver un stage ou un premier emploi. Bonne nouvelle, vous pourrez également trouver de l'aide après vos études, soit auprès des anciens de votre école (voir section « Adhérer aux associations d'anciens élèves ») ou d'associations comme l'Apec (voir encadré page 64).

Le service « Carrières » peut également s'appeler « Service des stages », le service des relations entreprises, etc. À l'université, il porte généralement le nom de SCUIO-BAIP (Service commun universitaire d'information et d'orientation – Bureau d'aide à l'insertion professionnelle).

Rôle du service « Carrières »

Le rôle du service « Carrières » est de conseiller les étudiants dans leurs recherches de stages et d'emploi.

Informer les étudiants

Le service « Carrières » diffuse des offres de stages et d'emplois aux étudiants. Celles-ci lui sont généralement transmises par les partenaires de l'école.

À noter

Des métamoteurs sont aujourd'hui mis en place pour fédérer les offres de différentes écoles.

Animer des ateliers

Il en existe de multiples sortes, par exemple :

- graphologie ;
- rédaction de curriculum vitæ et de lettres de motivation ;
- préparation des entretiens d'embauches.

Organiser des salons

Le service « Carrières » organise les salons grâce auxquels vous pouvez rencontrer des professionnels (voir la fiche 26 « Participer aux salons de recrutement »). De la même manière, il peut organiser des tables rondes ou encore des journées thématiques au cours desquelles des sociétés de plusieurs corps de métiers sont représentées.

Investissez-vous

Le service « Carrières » est censé vous aider et non pas faire le travail à votre place. De manière générale, rappelez-vous que c'est à vous de vous prendre en main et de construire votre projet professionnel. Il faut donner envie au personnel du service Carrières de vous aider en montrant votre motivation.

À noter

Les associations d'anciens élèves disposent elles aussi d'un service Carrières. Il est destiné aux professionnels déjà en exercice (voir la fiche 48 « Être conseillé pour être recruté »). Dans certaines écoles, les services dédiés aux anciens et aux étudiants actuels sont fusionnés.

Trouver de l'aide après l'école

Certaines associations paritaires telles que l'Apec (Association pour l'emploi des cadres) ont mis en place des services spécifiques pour aider les jeunes diplômés à trouver un travail ou à se reconvertir. Ces services se déclinent en ateliers.

D'autres associations peuvent également, en partenariat avec le Pôle Emploi, vous aider à trouver un emploi en vous proposant un bilan de compétences ou de participer à différents ateliers. Elles peuvent également vous mettre en relation avec des professionnels afin d'affiner votre projet. Si tout se passe bien, ces nouveaux contacts pourront eux-mêmes vous mettre en relation avec d'autres personnes de leur réseau. Cela peut se révéler extrêmement utile pour accéder au marché caché des offres d'emploi (voir la fiche 23 « Dénicher les informations »).

Fiche 18
ÉCHANGER AVEC LES PROFESSEURS

Profitez de toutes les occasions de réseauter avec les professeurs, pendant votre scolarité et après votre entrée sur le marché du travail.

Parce qu'ils disposent souvent d'un réseau étoffé, il peut vous être très utile d'échanger avec vos professeurs. Certains élèves plus anciens vous diront d'ailleurs que si cela était à refaire, ils tisseraient et garderaient davantage de liens avec eux. Pour autant, il n'est pas toujours facile de le faire (voir encadré page 68).

À noter

Un professeur pourra parfois devenir votre tuteur. Il vous ouvrira son carnet d'adresses si vous parvenez à tisser des liens de confiance avec lui.

Gardez toujours à l'esprit que les professeurs vacataires sont souvent plus en prise avec le monde professionnel que les professeurs titulaires. De même, les chargés de travaux dirigés qui ne sont pas toujours beaucoup plus âgés que vous peuvent aussi être de bon conseil, surtout s'il s'agit de jeunes professionnels. Sachez enfin que même en tant que professionnel, vous pouvez vous-même avoir un intérêt à devenir chargé de travaux dirigés à l'université (voir encadré page suivante).

Devenir chargé de travaux dirigés

En plus d'embellir votre curriculum vitæ, devenir chargé de travaux dirigés vous permettra de mieux connaître votre matière. En répondant aux questions parfois inattendues des étudiants, vous approfondirez vos connaissances. De même, vous améliorerez vos prestations orales en apprenant à parler en public. Attention toutefois à ce que cet accessoire ne supplante pas le principal qui est votre travail ou votre recherche d'emploi. Cela vous permettra enfin, à votre tour, de connaître des élèves qui feront partie de votre réseau professionnel dans quelques années.

Être informé

Les professeurs peuvent vous permettre de glaner des informations précieuses sur le marché ou sur une opportunité précise en entreprise.

Sur les tendances du marché

Vous vous faites parfois des idées fausses sur les débouchés ou sur la réalité d'un métier. Échanger avec des professeurs peut vous permettre d'affiner votre stratégie professionnelle. Pour autant, gardez toujours votre esprit critique, notamment sur les débouchés que peut offrir tel ou tel parcours. Multipliez toujours les sources d'information en interrogeant des professionnels.

Sur des opportunités de poste

Les professionnels qui interviennent en cours peuvent très utilement vous transmettre des opportunités de stages ou d'emplois, que celles-ci aient trait à leurs structures ou parce qu'un de leur contact cherche à recruter dans le domaine dans lequel il enseigne. Soyez-y attentif.

Être recommandé

Puisqu'ils sont très introduits dans leur circuit, les professeurs disposent généralement d'un gros potentiel de recommandation.

Se distinguer

Commencez par participer en cours et à obtenir de bons résultats avant de solliciter un professeur. Pour autant, n'attendez pas nécessairement la fin de l'année pour le faire : il sera souvent trop tard pour postuler en entreprise (voir encadré page 68).

Solliciter ?

À vous de voir si vous vous sentez suffisamment légitime pour demander une recommandation. Vous pouvez également procéder plus finement en demandant à votre professeur s'il sait où vous pouvez postuler pour faire telle activité. Il vous dira peut-être d'appeler quelqu'un de sa part, par exemple un de ses anciens élèves.

À noter

Certains professeurs sont questionnés par des anciens élèves ou des conseils en recrutement sur les meilleurs éléments qu'ils pourraient avoir dans leurs classes.

Être recruté

Certains professeurs vacataires profitent des cours qu'ils donnent pour débusquer les élèves les plus prometteurs et leur proposer d'intégrer leur entreprise.

Si vous êtes intéressé par un autre service de son entreprise, vous pouvez également demander à votre professeur à qui envoyer votre curriculum vitæ. Peut-être même vous proposera-t-il de le transmettre lui-même.

Gardez enfin contact avec les professeurs après votre scolarité. Donnez régulièrement de vos nouvelles. Certains professeurs peuvent devenir d'excellents mentors.

Prendre contact au bon moment

Prenez d'abord conscience de la taille de l'auditoire : un professeur donnant des cours dans un gigantesque amphithéâtre ne pourra pas répondre aux questions de tout le monde. Dans certains cas, il faudra attendre que les années passent et que les salles de cours se rétrécissent pour accéder à eux. À l'université, il sera ainsi souvent bien plus simple de tisser des liens avec les professeurs en deuxième année de master. Vous rendre à un colloque qui n'est pas obligatoire vous permettra-t-il peut-être d'échanger plus facilement avec ce professeur ?

Enfin, n'attendez pas la fin de l'année pour le solliciter : d'autres y auront certainement pensé avant vous.

Fiche 19
ÊTRE UTILE À SES CAMARADES

L'essence du réseautage, c'est d'être utile à ses contacts. Commencez dès maintenant en rendant service à vos camarades de promotion.

Entraidez-vous entre camarades d'une même promotion ou de promotions voisines. Vous pourrez, par exemple, un jour coopter un de vos camarades d'une promotion précédente (voir encadré page 71). Un bon moyen de les connaître est de faire partir d'une association (voir les fiches 20 « S'investir dans une association » et 21 « Travailler pour une junior entreprise »).

Il faut encore une fois savoir écouter vos camarades pour savoir :

- **Ce qu'ils ont à dire** : peut-être peuvent-ils vous faire profiter d'une de leurs expériences passées ?

  Ingénieur agronome, vous rêvez de faire un stage au sein d'une organisation non gouvernementale (ONG) humanitaire en Amérique Latine. Un de vos camarades pourrait peut-être vous permettre de gagner un temps précieux en vous faisant part de sa propre expérience ou en vous mettant en relation avec le bon contact, par exemple un fin connaisseur du monde humanitaire.

- **Ce qu'ils cherchent** : encore une fois, si vous ne prêtez pas attention aux autres, vous manquerez des occasions de vous rendre utile.
- **Qui ils connaissent** : peut-être le contact idéal pour vous figure-t-il dans le carnet d'adresses de leurs parents ?

Ce n'est pas parce qu'il s'agit de camarades et non de professionnels qu'il ne faut pas être correct. Imposez-vous la même rigueur que celle que vous déploieriez auprès de professionnels expérimentés. Une fois encore, quand vous voulez solliciter un camarade, proposez, n'imposez pas.

Partager l'information

Pensez collaboratif ! Toute information mérite d'être partagée.

Choisir les bonnes options

Il est toujours utile de confronter son point de vue à celui des autres. Grâce à leur entourage personnel par exemple, certains de vos camarades de promotion disposent peut-être de points de vue qui pourraient vous être très utiles en termes d'orientation. Certains d'entre vous ont les clés : soit le fait d'être diplômé de cette école est une tradition familiale, soit ils se sont renseignés sur les débouchés de telle ou telle filière.

> Exemple Dans certaines écoles, il est vivement recommandé de se rendre régulièrement aux colloques organisés par le corps enseignant (voir la fiche 18 « Échanger avec les professeurs »). Votre tête ne sera pas inconnue du professeur lorsque vous lui demanderez d'être votre directeur de mémoire en début d'année suivante. Ce travail de reconnaissance ne sera pas possible si vous avez passé l'année précédente à l'étranger.

Transmettre les offres de stage et d'emploi

Ayez le réflexe de vous demander si une information qui n'est pas utile pour vous pourrait intéresser un de vos camarades.

Mettre en relation

Vous connaissez des professionnels susceptibles d'être utiles à vos camarades ? Si ces derniers vous semblent sérieux, mettez-les en relation avec eux.

Avec des professionnels du secteur que votre camarade vise

N'oubliez pas que les personnes expérimentées se montrent souvent bienveillantes avec les étudiants et les jeunes professionnels. Vous pouvez proposer à un de vos camarades de rencontrer une personne susceptible de l'aider à affiner son projet et de lui faire part des débouchés existant dans le secteur, par exemple s'il envisage de changer de projet professionnel. Peut-être un de vos camarades envisage-t-il de créer une entreprise ? Il pourrait là encore être intéressant de demander à une personne que vous connaissez si elle accepte de la recevoir ou d'échanger avec elle.

Fixez-vous cependant des règles pour savoir effectuer une mise en relation (voir le bonus 7 : « E-mails de proposition de mise en relation »).

Avec des recruteurs potentiels

L'étape supérieure peut consister à mettre en relation un camarade pour le poste avec le recruteur. Faites-le en dosant prudemment votre recommandation.

Coopter un camarade

On parle ici de cooptation pour désigner le système permettant à un salarié de recommander à son employeur un candidat pour un poste. Elle n'a rien à voir avec le piston : vous participez dans ce cas à l'effort de recrutement de l'entreprise qui est demandeuse. Celle-ci versera souvent une prime au salarié qui a coopté le candidat. Dans la plupart des cas, cette prime sera divisée en fonction de plusieurs étapes : par exemple, une partie à la présentation du candidat, une partie si celui-ci est embauché et une dernière partie s'il valide sa période d'essai. La cooptation est souvent réservée aux salariés en début de carrière. Elle est très intéressante pour les entreprises qui ont besoin d'attirer de nouveaux salariés. Cela coûte moins cher que de mandater un chasseur de têtes.

Fiche 20
S'INVESTIR DANS LES ASSOCIATIONS

Les associations sont l'occasion d'échanger avec ses camarades et d'acquérir des compétences.

Il existe des associations dans tous les types d'établissement d'enseignement supérieur. Elles sont de multiples types, par exemple : humanitaire, sportives, ou culturelles.

Vous pouvez également vous investir dans une association de type junior entreprise (voir la fiche 21 « Travailler pour une junior entreprise »).

Vous investir dans ces associations vous sera très utile pour acquérir des compétences et connaître davantage de monde.

Créer du lien

Les associations favorisent les rencontres.

Rencontres hors de sa classe

Vous pouvez ainsi rencontrer des étudiants de section et de promotions différentes, ce qui vous permettra de muscler votre carnet d'adresses. Plusieurs mondes coexistent parfois au sein d'une même école. Les élèves des différentes majeures n'ont pas nécessairement l'occasion de se rencontrer. Si vous ne créez pas de lien lors de vos études, il sera plus difficile d'activer ce réseau après votre sortie.

Lors d'un passage à l'étranger, les associations constituent un excellent moyen de connaître de nouvelles personnes.

Hors phénomènes de concurrence

Certaines écoles développent l'esprit de compétition entre les élèves, notamment lorsque la scolarité est assortie d'un classement de sortie. Côtoyer des camarades dans ces associations permet de se voir différemment.

Mettre en place une mailing-list pour garder contact avec ses camarades au fil des ans.

Acquérir des compétences

Elles peuvent également permettre de gagner en expérience.

Gestion de projet

Certains projets peuvent vous permettre d'acquérir de réelles compétences, par exemple comptables et financières. Ces dernières pourront vous être utiles plus tard, par exemple si vous créez votre entreprise.

En outre, un stage est plus souvent l'occasion d'être dans l'exécution que dans la conception. Une association peut vous donner cette chance.

> Devenir directeur de la publication d'une revue littéraire implique de gérer entièrement la publication pour qu'elle puisse paraître, de la recherche de contributions des élèves, leur sélection, jusqu'à l'impression. Idéal pour se frotter au monde de l'édition.

Un moyen de valoriser son curriculum vitæ

À un moment où vous ne disposez pas d'une expérience professionnelle significative, cela peut faire partie des critères de sélection des recruteurs en entreprise ou des chasseurs de têtes.

S'investir dans la vie de l'école peut être enrichissant. Vous pouvez, par exemple, faire partie du bureau des élèves et peut-être même siéger au conseil d'administration de l'école. Au-delà de ce que vous apprendrez, vous pourrez acquérir une certaine visibilité auprès de vos camarades, des professeurs ou de l'administration de l'école.

Fiche 21
TRAVAILLER POUR UNE JUNIOR ENTREPRISE

Les juniors entreprises, qui se sont beaucoup développées ces dernières années, peuvent vous aider à mettre un pied dans la vie active.

Une junior entreprise est une association qui fonctionne comme une entreprise de conseil. Elle permet aux étudiants de travailler pour des clients extérieurs à l'école. Les juniors entreprises sont actives dans de multiples domaines.

Il ne faut pas la confondre avec une entreprise créée pendant ses études avec son école ou au sein de son incubateur (voir section « Créer son entreprise », à partir de la page 141).

Passerelles entre l'école et l'entreprise, elles existent aujourd'hui dans différentes écoles (commerce, ingénieurs, etc.) et dans certaines universités. Ne vous méprenez pas : il s'agit d'une véritable expérience professionnelle puisqu'un client paye des honoraires en échange d'un travail.

S'investir dans une junior entreprise peut présenter de multiples intérêts :

- gagner de l'argent ;
- acquérir des compétences ;
- construire son réseau.

Le degré d'investissement est variable. Vous pouvez en effet :

- travailler ponctuellement pour la junior entreprise ;
- faire partie de l'association junior entreprise (AJE) elle-même. Comme pour le bureau des élèves, ce processus peut se faire par élections ou par cooptation.

Se former

Vous pourrez développer de multiples compétences :

- Management : en vous investissant dans l'AJE, vous allez devoir apprendre à gérer vos camarades.
- Exécution : vous serez confronté à des tâches à accomplir.
- Commerciales : dans un monde idéal, vous disposerez d'appels entrant des clients potentiels, par exemple d'anciens de l'école. Dans d'autres cas, il va vous falloir apprendre à démarcher au nom de la junior entreprise. Ce sera l'occasion d'apprendre à réaliser une proposition de mission et à la défendre puisque vous serez dans la plupart des cas mis en concurrence avec d'autres juniors entreprises.

Les plus tenaces d'entre vous pourront essayer de maintenir le contact avec les personnes démarchées, même si elles ne retiennent pas votre proposition. Puisque vous avez été en contact avec elles, vous pouvez vous connecter à elles sur votre réseau social professionnel. Il vous appartiendra après d'entretenir le contact, notamment en leur envoyant vos vœux de fin d'année.

Réseauter dans l'école

C'est l'occasion de multiplier les contacts au sein de votre école.

Créer des liens

Vous allez être en mesure d'étoffer votre carnet d'adresses en côtoyant des camarades de tous niveaux, comme c'est le cas avec les autres associations. Voilà tout à fait le type de contacts que vous pouvez utilement ajouter sur les réseaux sociaux (voir la fiche 16 « Se connecter aux bonnes personnes »).

Savoir qui vous pourrez recommander

Finis les travaux de groupe de l'école qui ne vous mettent pas en situation réelle. Peut-être certains de vos camarades vont-ils se révéler plus professionnel dans cet exercice ? En travaillant avec eux, vous saurez plus facilement qui mérite d'être recommandé sur tel ou tel aspect ou encore qui est fiable.

Réseauter avec l'extérieur

Profitez du fait d'être mis en relation avec le monde professionnel pour prendre de l'avance sur vos camarades en termes de réseautage.

Mise en relation avec des recruteurs potentiels

Effectuer des missions pour une entreprise peut vous permettre de vous faire repérer par des recruteurs potentiels ou des professionnels susceptibles de transmettre votre curriculum vitæ. Tout cela est bien sûr à double tranchant : si vous ne vous investissez pas suffisamment ou travaillez mal, vous ne serez pas recommandé. L'entreprise attend de vous et de votre équipe un vrai livrable qu'elle paye pour cela. Vous engagez également la réputation de votre école et de sa junior entreprise.

À noter

Certaines sociétés de conseil, parmi les plus prestigieuses, sous-traitent certaines tâches à des juniors entreprises. Travailler avec elles est un excellent moyen de vous faire connaître.

Obtenir de l'information sur le marché

En vous frottant à la réalité du terrain, vous en saurez davantage sur un secteur d'activité et un métier. Une mission est peut-être une occasion de savoir comment les entreprises sont organisées.

Cela peut également être l'occasion de poser les questions sur le meilleur moyen de candidater dans l'entreprise, de savoir si un poste de junior pourrait bientôt être ouvert ou s'il est recommandé d'envoyer directement sa candidature à un opérationnel, auquel cas vous pourriez essayer d'obtenir son nom.

Occasion de se réunir lors d'événements

C'est enfin l'occasion de se réunir à l'occasion d'événements avec d'autres écoles et d'autres juniors entreprises.

Il existe une Confédération nationale des juniors entreprises. Elle organise des congrès pendant lequels il est possible de se former.

Fiche 22

OPTIMISER LES EXPÉRIENCES INTERNATIONALES

De plus en plus d'établissements proposent des parcours à l'international. Si vous avez la chance d'en faire partie, gardez le contact avec les personnes que vous rencontrez.

Érasmus, programmes d'échanges entre écoles, voyages et stages à l'étranger, etc. Facultatives ou obligatoires, les possibilités d'effectuer un séjour à l'étranger sont nombreuses. Cela vous sera utile si vous souhaitez travailler à l'étranger plus tard (voir encadré page 79).

Faire votre enquête auprès des anciens pour savoir quel est le bon moment, du point de vue scolaire, pour partir à l'étranger.

Muscler son carnet d'adresses étranger

Gardez contact avec :

- Les étudiants étrangers venant en France : que vous les rencontriez à l'occasion de stages en entreprise ou au sein d'un échange Érasmus par exemple, voilà une excellente manière d'internationaliser votre réseau.

Ceux d'entre vous qui ont étudié au sein de lycées internationaux ont tout intérêt à garder contact avec leurs anciens camarades qui sont souvent des enfants de personnes expatriées. Vous pourrez peut-être vous appuyer sur le réseau de l'un d'eux lorsque vous souhaiterez vous établir dans un pays étranger en particulier.

- Les étudiants étrangers rencontrés lors de séjours à l'étranger : ce seront des contacts sur le plan international qui pourront aider sur une question particulière. Rendez vous aux événements organisés par l'établissement pour multiplier les contacts.

Le bon réflexe

Garder contact avec les professeurs rencontrés à l'étranger.

Garder contact

Faites mentir le proverbe « Loin des yeux, loin du cœur » en gardant contact avec votre réseau étranger, ne serait qu'en envoyant régulièrement vos vœux. N'oubliez pas que les étudiants étrangers pourront vous être très utiles plus tard, lorsqu'ils seront devenus des professionnels.

Profiter des réseaux sociaux

Les réseaux sociaux sont de fabuleux outils pour garder le contact avec l'ensemble de votre réseau professionnel étranger. Profitez bien sûr des associations d'anciens élèves étrangères qui sont elles aussi présentes sur les réseaux sociaux.

Continuer à se rendre utile

Encouragez vos contacts à vous solliciter s'ils ont besoin de quelque chose.

À noter

Il est bien vu et parfois obligatoire, lorsque vous postulez à l'international, de faire figurer des référents pour tel ou tel poste sur votre curriculum vitæ, avec leur accord et en précisant dans quel contexte vous les avez côtoyés. Renseignez-vous.

Travailler à l'international

Si vous souhaitez tenter votre chance à l'étranger, utilisez votre réseau pour :

- Vous renseigner sur la culture professionnelle du pays avant de postuler : la manière d'y travailler ne vous conviendra pas nécessairement.
- Créer votre propre réseau avant d'aller y travailler : par exemple en étant mis en contact avec des personnes de ce pays susceptibles de vous orienter vers des recruteurs potentiels.
- Être mis en relation avec des chasseurs de têtes locaux susceptibles de vous donner des informations sur les débouchés et les postes à prendre dans votre secteur.
- Vous renseigner sur les entreprises françaises susceptibles de vous détacher à l'étranger dans le cadre d'une mission.

Fiche 23
DÉNICHER LES INFORMATIONS

Réseauter avec les professionnels permet de disposer d'informations très utiles dans le cadre d'une candidature, parfois en amont de la mise en ligne d'une annonce.

Toutes les informations n'ont pas la même valeur sur le marché de l'emploi. Il convient de distinguer :

- le marché visible (il représente les offres d'emploi qui font l'objet d'une annonce) ;
- du marché caché (il représente les offres d'emploi pour lequel aucune annonce n'est publiée).

En tout état de cause, le réseautage pourra vous être utile dans chacune de ces hypothèses.

Réseauter avec les élèves des promotions précédentes aujourd'hui en poste. Ils pourront vous informer des postes à prendre dans leurs structures.

Marché ouvert

Le marché ouvert représente une bonne partie des offres dédiées aux jeunes professionnels.

Pléthore d'offres disponibles

Il existe de multiples moyens d'être informé des offres d'emploi, la plupart du temps gratuitement.

Vous pouvez notamment trouver ces offres d'emploi sur :

- Les réseaux sociaux : abonnez-vous aux pages des entreprises sur les réseaux sociaux professionnels tels que LinkedIn. Elles y font régulièrement passer des annonces, souvent relayées par leurs salariés. Rejoignez également les groupes professionnels thématiques.

- Les *jobboards* généralistes.

Mettre en place des alertes aussi finement configurées que possible pour recevoir ces offres.

- Les *jobboards* spécialisés : certains *jobboards* sont spécialisés sur les secteurs et sur les métiers que vous souhaitez intégrer.

Profil Culture recense les offres d'emploi du secteur de la culture.

- Les *jobboards* étudiants et jeunes diplômés : ils sont faits pour vous.

Les *jobboards* vous donnent la possibilité de laisser votre curriculum vitæ, ce qui permet d'être contacté par les recruteurs.

- La partie recrutement des sites des entreprises. Celle-ci est souvent très fournie dans les grandes entreprises.

Il convient par ailleurs de savoir s'il est possible de postuler directement auprès d'un opérationnel en plus des ressources humaines. Tout dépend des cas (voir encadré page 82).

Une liste très détaillée de *jobboards* figure dans le livre de Patrice de Broissia et Laëtitia Ferrer, *Développer sa visibilité sur Internet pour trouver un emploi*, publié aux éditions Eyrolles.

On vous fait part de ces offres

Vous pouvez également faire en sorte que vos contacts vous transfèrent des offres intéressantes. Pour cela, définissez clairement ce que vous cherchez et renvoyez-leur la pareille.

Le piège à éviter

Se risquer à un e-mail de candidature porté sur le second degré. Vous prendriez le risque que votre message soit transmis en chaîne. Cela risque de faire de vous quelqu'un de connu, dans le mauvais sens du terme.

Creuser suite à une offre

Vous souhaitez répondre à une offre ? Activez votre réseau pour préparer votre candidature. Peut-être l'un de vos contacts :

- Travaille-t-il ou a-t-il travaillé dans une société auprès de qui vous candidatez ?

Le piège à éviter

Sauf contrordre de sa part, dire au cours d'un entretien que vous avez été briefé par une personne de l'entreprise. Celle-ci ne doit pas pâtir d'avoir voulu vous rendre service.

- Connaît-il très bien le secteur d'activité en question ?
- Peut-il aussi vous mettre en relation avec une personne utile ?

Le piège à éviter

Venir à ce rendez-vous sans aucune préparation en vous disant que la personne avec qui vous avez été mis en relation va tout vous expliquer. L'effet serait désastreux. Préparez au contraire autant que possible le rendez-vous pour que votre interlocuteur ait une bonne impression de vous. Qui sait ? Vous viendrez peut-être simplement pour vous renseigner et le hasard fera qu'il connaîtra justement le recruteur qui a posté cette annonce.

Auprès de qui postuler ?

Le rôle des ressources humaines dépend de son secteur d'activité et de l'entreprise. Dans certains secteurs, le recrutement est directement contrôlé par les opérationnels qui ne mettent la direction des ressources humaines dans la boucle qu'en fin de recrutement. Dans d'autres entreprises, ce service peut mal prendre de ne pas être le point d'entrée d'une candidature. Cela pourrait même vous valoir d'être exclu du processus de recrutement.

…/…

Que vous répondiez à une annonce ou qu'il s'agisse d'une candidature spontanée, essayez d'obtenir cette information en amont par votre réseau. Si vous ne disposez d'aucune information, vous pouvez tenter de postuler à la fois auprès de l'opérationnel qui recrute ou pourrait le faire (si vous l'avez identifié) et des ressources humaines.

Marché caché

Le marché caché est présent dans tous les domaines d'activité. Plusieurs cas de figure existent.

Le marché est totalement caché

Il n'y aura jamais d'annonces. Vous ne devez compter que sur votre réseau pour être informé que ce poste se libère.

Vous êtes informé avant la parution d'une annonce

Plusieurs hypothèses doivent être distinguées :

- Une annonce va nécessairement paraître : votre contact vous informe que vous pouvez, ou non, postuler avant. Quoi qu'il en soit, cela va vous permettre de préparer au mieux votre candidature. Dites-vous également que vous auriez pu rater cette annonce.
- Vous ne laissez pas le temps à l'annonce de paraître : plus rapide que votre ombre, vous postulez dès que vous entendez parler du poste, parfois même sur les conseils de la personne qui le quitte, qui peut être un ami, l'ami d'un ami ou un camarade de promotion. Si vous faites l'affaire, peut-être l'annonce ne paraîtra-t-elle jamais ?

Vous l'avez compris, il va falloir écouter les autres pour être informé de toutes ces opportunités.

À noter

Dans la fonction publique territoriale, la réussite à un concours d'entrée ne donne pas obligatoirement accès à un poste. C'est au candidat reçu de se faire embaucher par une collectivité. On parle de « reçus collés » pour désigner ceux qui n'ont pas trouvé de poste alors qu'ils ont réussi le concours.

Soyez très méthodique lorsque vous postulez

Vous allez certainement postuler auprès d'un grand nombre d'employeurs. Voici quelques conseils pour savoir où vous en êtes :

- **Faites un effort particulier pour personnaliser votre candidature.** Renseignez-vous sur l'entreprise qui recrute. Ne pensez pas que c'est une perte de temps. Vous apprendrez des choses qui vous seront certainement très utiles un jour, ne serait-ce qu'en termes de culture générale économique. Cet effort de personnalisation vous sera très utile pour mémoriser votre candidature. Il serait dommage qu'un recruteur vous appelle et que vous ayez un peu trop de mal à le resituer.
- En pratique, **nommez votre curriculum vitæ et votre lettre de motivation avec votre nom** si vous n'intégrez pas directement cette dernière dans l'e-mail de candidature. S'il est recommandé d'envoyer une version PDF de ces documents, doublez-les d'une version Word. Le moteur de recherche d'un ordinateur patine parfois lorsqu'il s'agit de rechercher des éléments de texte dans des documents en pdf. Vous pourriez passer entre les mailles du filet si un responsable recrutement ou un chasseur de têtes lançait une recherche par mots-clés parmi son fichier de candidatures.
- Enfin, **créez-vous un dossier informatique** de candidatures envoyées et à envoyer. Vous saurez ainsi toujours ou vous en êtes.

Fiche 24
SAVOIR SOLLICITER SON RÉSEAU

Pour bien réseauter, il faut savoir demander. Or donner envie à quelqu'un de vous aider est tout un art.

Pour mettre toutes les chances de votre côté, soyez aussi précis et réactif que possible.

Réfléchir en amont

Qu'il s'agisse d'un ami ou d'une vague connaissance, si quelqu'un vous demande comment il peut vous être utile, présentez-lui une réponse aussi construite que possible. Cela lui donnera envie et lui permettra de vous aider plus efficacement.

Adresser une requête précise

Montrez que vous avez réfléchi à votre projet, que vous vous êtes renseigné sur le secteur dans lequel vous souhaitez travailler. Soyez prêt à être testé par la personne qui pourrait vous mettre en relation. N'oubliez pas qu'il s'engage en vous présentant à ses contacts.

Multiplier les demandes auprès de la même personne. De la même manière, ne lui dites pas le lundi que vous voulez travailler dans un secteur pour lui dire quelques jours après qu'un autre domaine vous intéresse tout autant.

Vous travaillez depuis quelques années en tant que professeur d'anglais. Vous souhaitez changer de métier. Ne dites pas à votre contact que vous pourriez travailler en tant que responsable communication, traducteur ou encore que vous aimeriez aussi être chef dans un restaurant parce que vous avez toujours aimé cuisiner.

Il en va de même si vous demandez un service. Expliquez les tenants et les aboutissants de votre demande.

Le piège à éviter

Tout dire à votre intermédiaire, par exemple que vous voulez absolument quitter votre travail car vous vous entendez mal avec votre employeur. Certaines précisions ne sont pas utiles et pourraient même vous desservir. Maîtrisez votre communication.

Mâcher le travail de ses contacts

Pour mettre toutes les chances de votre côté, facilitez le travail de vos contacts. Si vous demandez par exemple à quelqu'un de relire votre curriculum vitæ, ne lui transmettez pas une ébauche. Vous devez transmettre un produit aussi fini que possible. Demander de l'aide ne revient pas à demander à quelqu'un de faire le travail à votre place.

Soyez aussi réactif que possible en cas de demande de précision : cela attestera de votre motivation.

Bien évidemment, n'oubliez pas de remercier et n'ayez pas l'air de considérer cette aide comme étant normale. C'est bien un service que l'on vous rend. Après un rendez-vous avec quelqu'un qui vous a aidé, envoyez un e-mail de remerciement en synthétisant le rendez-vous brièvement (voir le bonus 11 : « E-mail de remerciement »).

À noter

Si un de vos contacts propose de vous mettre en relation, vous pouvez lui proposer de rédiger un e-mail qu'il pourra envoyer, tout comme vous pouvez lui écrire en lui proposant de le transmettre tel quel.

Ne pas se survendre

Si un poste vous intéresse, montrez toute votre motivation mais ne vous survendez pas.

Demander une mise en relation

Vous pouvez :

- demander une mise en relation ouverte ;

  Exemple : Étudiant en architecture, vous aimeriez être mis en relation avec des spécialistes de l'éco-construction.

- demander une mise en relation avec une personne précise ;

Vous cherchez un investisseur chevronné pour votre start-up. Ce *business angel* reconnu est très difficile à contacter directement. Si vous avez la chance de connaître quelqu'un qui a son oreille, proposez-lui de lui transmettre un message.

Pour que cette demande de mise en relation porte ses fruits :

- expliquez le but recherché : préparer un entretien d'embauche, en savoir plus sur un secteur, etc. ;
- mâchez encore une fois le travail de vos contacts.

Mettre vos contacts devant le fait accompli en les mettant en copie d'un e-mail.

Créer un job club avec ses connaissances

Un job club, ou cercle de recherche d'emploi, consiste schématiquement à organiser des réunions régulières entre chercheurs d'emplois pour qu'ils s'échangent des informations et s'échangent des mises en relation avec des contacts utiles. Surtout utilisés par les seniors, ces jobs clubs sont souvent organisés par des cabinets de conseil en *outplacement* (voir la fiche 27 « Comprendre le rôle des chasseurs de têtes ») ou des associations d'aide à la recherche d'emploi. Rien ne vous interdit de créer informellement le vôtre pour vous aider dans vos recherches entre camarades. Il sera très utile de vous connecter aux membres de votre job club sur les réseaux sociaux.

Fiche 25
RESTER EN CONTACT AVEC LES PROFESSIONNELS

Pour que votre carnet d'adresses s'épaississe, gardez contact avec les professionnels que vous avez eu l'occasion de croiser, même brièvement.

Un carnet d'adresses, ce n'est pas juste une liste de noms (voir la fiche 4 « Construire son carnet d'adresses »). Il se compose des personnes que vous pouvez solliciter ou qui sont susceptibles de penser à vous. Pour que cela soit le cas, gardez contact avec eux.

Il existe de multiples manières de rencontrer des personnes, notamment :

- **Lors d'une recherche d'emploi** : les phases de recherche d'emploi permettent d'échanger avec beaucoup de monde, qu'il s'agisse de personnes qui vous reçoivent en entretien pour un poste ou qui vous accordent du temps pour vous conseiller ou vous aider à définir votre projet. Toutes ces personnes doivent faire partie de votre réseau : elles deviendront peut-être des clients ou des personnes utiles d'une autre manière. C'est aussi une occasion d'approfondir vos connaissances sur un secteur d'activité.

Tenir ses recruteurs potentiels au courant de l'avancée de ses recherches, notamment si vous venez de trouver un poste ailleurs. C'est la moindre des choses. D'autant que vous ne savez pas si vous ne les recroiserez pas plus tard.

- **Lors de la vie professionnelle** : tâchez de garder contact avec les personnes croisées en entreprise (voir section « Maintenir les liens avec ses anciens collègues », à partir de la page 135).

- **À tout moment** : vous pouvez rencontrer des personnes intéressantes dans des événements privés ou à l'occasion de conférences par exemple. Il vous faudra alors glisser votre carte de visite (voir encadré page 90).

Donner des nouvelles

Si le contact avec quelqu'un qui vous a aidé a été bon, n'hésitez pas à envoyer spontanément de vos nouvelles (voir le bonus 9 : « E-mails pour donner et prendre des nouvelles »). Les personnes qui vous ont accordé du temps seront ravies que vous vous en souveniez et que vous les teniez informées de vos changements de poste.

Vous créerez ainsi du lien et vous vous ancrerez ainsi dans leur mémoire. Donnez régulièrement de vos nouvelles : pas seulement dans les semaines qui suivent un entretien. Au fil du temps, vos contacts se sentiront engagés et acquis à votre cause.

Se rendre utile

Il existe de multiples manières de se rendre utile à ses contacts.

Échanger des informations

Une information intéressante, par exemple un poste qui se libère ou une opportunité commerciale, permet de fluidifier les relations.

Mettre en relation deux personnes

Si vous pensez que deux personnes peuvent avoir un intérêt à se rencontrer, proposez-leur d'entrer en relation.

Avez-vous une carte de visite ?

Même un étudiant, ou un jeune professionnel en recherche d'un premier emploi, doit disposer d'une carte de visite personnelle. Cela montre que vous êtes entré dans la vie professionnelle, que vous êtes « employable ».

Faute de disposer d'une carte, vous n'aurez rien à donner lorsqu'une personne que vous sollicitez vous demandera vos coordonnées. Ce serait alors à votre interlocuteur de vous donner sa carte. Pas très engageant... Mieux, si vous la dégainez le premier, il y a de fortes chances pour que la personne que vous avez en face de vous vous la donne en retour. Sachez en outre que vous aurez plus de chance d'entrer dans le fichier de contacts de votre interlocuteur si vous lui donnez votre carte.

Évitez toutefois de la tendre à tout bout de champ : servez-vous du contexte pour la donner de manière appropriée (voir le bonus 1 : « Bien utiliser sa carte de visite »).

Fiche 26

PARTICIPER AUX SALONS DE RECRUTEMENT

Les salons de recrutement dédiés aux étudiants et aux jeunes professionnels constituent une excellente façon d'échanger avec des recruteurs potentiels.

Les salons de recrutement organisés par votre école ou par des organismes indépendants peuvent vous servir :

- à être recruté ;
- à recueillir de l'information sur les secteurs d'activité dans lesquels vous souhaitez travailler.

Ils vous permettent en effet d'échanger avec des professionnels de tous domaines d'activité. N'y allez pas en touriste : préparez votre venue pour en tirer le meilleur (voir encadré page 93).

Visiter les stands des entreprises aux heures creuses. En fonction des cas, cela sera le matin, le midi ou le soir.

Commencez par vous renseigner autant que possible sur les entreprises présentes et les raisons de leur venue. Toutes n'y sont pas présentes dans la même optique. Certaines d'entre elles accueillent des étudiants pour améliorer leur visibilité, tandis que d'autres sont présentes car elles ont du mal à recruter certains profils spécifiques. De la même manière, renseignez-vous pour savoir quels profils sont recherchés par les entreprises : s'agit-il de stagiaires ou de jeunes diplômés ? S'il y a pénurie de l'un ou de l'autre sur votre marché, sachez en profiter.

Le bon réflexe

Demander des conseils au service Carrières si votre école organise le salon. Si c'est un salon institutionnel, visitez le site de l'organisateur. Quel que soit le salon, contactez les anciens de votre école pour disposer de leur retour d'expérience.

Adaptez ensuite votre discours en fonction de ce que vous en attendez :

- de l'information ?
- un stage en urgence ?
- un premier travail ?

Plus vous serez préparé, plus vous serez efficace lors de ces entretiens.

Être recruté

Les salons peuvent vous servir à être recruté.

Stage ou premier travail

C'est une occasion de trouver un travail avant même la sortie de l'école. Soyez toutefois vigilant à ne pas accepter la première offre venue.

Dans certains salons, seuls les grands groupes sont présents. Il peut être intéressant pour vous d'aller plus loin et de rencontrer spontanément des entreprises qui ne sont pas présentes sur le salon de votre école.

Jobs suivants

Certains salons peuvent être intéressants pour les étudiants déjà diplômés, parfois déjà en poste.

Échanger avec les ambassadeurs de l'entreprise

Au-delà du recrutement, échanger avec les personnes présentes sur le salon est un excellent moyen de recueillir de l'information.

Sentir la culture de l'entreprise

Examinez qui se trouve en face de vous, qu'il s'agisse d'une personne des ressources humaines, d'un junior ou d'une personne plus expérimentée. C'est une occasion d'avoir un aperçu du type de personnes travaillant dans cette entreprise ou dans ce type d'entreprises. Prenez de l'information en les faisant parler.

Développer son réseau

Si vous parvenez à intéresser votre interlocuteur, celui-ci pourra peut-être vous mettre en relation avec d'autres personnes qu'il pourrait vous être utile de rencontrer. S'il travaille dans un grand groupe, il dispose peut-être de contacts dans de plus petites sociétés qui peuvent par exemple être des fournisseurs ou des sous-traitants.

Il faut créer du lien et donc essayer de garder contact avec ces personnes. Si le contact est bon, demandez à votre interlocuteur s'il dispose d'une carte de visite à vous donner. Si vous avez postulé et que vous pensez avoir vos chances, cela sera également l'occasion de relancer cette entreprise qui recrute, par l'intermédiaire de cette personne.

Le bon réflexe

Proposez à ces personnes de les inviter à se connecter à vous sur un réseau social professionnel. Si la réponse est positive, ne tardez pas à envoyer cette invitation et personnalisez le message qui y est lié afin que votre interlocuteur puisse vous resituer immédiatement.

Donner envie au recruteur de s'intéresser à vous

Voici quelques manières de réussir votre entretien avec votre interlocuteur :

- Posez-vous la question de savoir qui est vraiment en demande : vous ou l'entreprise ?
- Si vous avez obtenu la liste des entreprises exposantes, montrez que vous vous êtes renseigné sur l'entreprise et sur le secteur.
- Posez des questions réfléchies montrant que vous éprouvez un réel intérêt pour le domaine en question.
- Ne vous plaignez pas du marché qui n'embauche pas suffisamment.

Fiche 27
COMPRENDRE LE RÔLE DES CHASSEURS DE TÊTES

Les chasseurs de têtes identifient, approchent et évaluent des candidats pour le compte de leurs clients.

Le chasseur de têtes est un prestataire extérieur qui travaille pour l'entreprise. Son rôle est d'identifier, d'approcher et d'évaluer des candidats pour le compte de son client. Il doit être différencié du recruteur en entreprise qui appartient au service des ressources humaines. Il doit également être dissocié du consultant en *outplacement* (voir encadré ci-dessous).

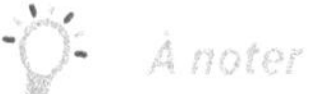

S'il fallait différencier les cabinets de conseil en recrutement et les chasseurs de têtes, on pourrait dire que les premiers diffusent davantage d'annonces tandis que les seconds approchent directement les candidats. Par souci de simplicité, il sera ici question des chasseurs de têtes pour désigner ces deux types d'acteurs.

Bénéficier d'un outplacement

L'*outplacement* consiste schématiquement à être aidé par un cabinet spécialisé pour retrouver un poste dans une autre entreprise. Cette prestation est généralement payée par l'entreprise dans le cas d'un licenciement ou d'une rupture conventionnelle. Elle est surtout accordée à des profils seniors. Des jeunes professionnels peuvent toutefois en bénéficier dans deux cas :

…/…

- Quand tout un service est concerné : dans ce cas-là, un profil junior peut également être accompagné.
- Plus rarement dans un cadre individuel : par exemple quand l'entreprise reconnaît s'être trompée dans le recrutement et veut aider un salarié à retrouver rapidement un travail.

La prestation d'*outplacement* est souvent moins longue car des jeunes professionnels peuvent plus facilement retrouver un emploi que des profils plus seniors. Elle peut être très utile car elle vous permet d'être conseillé sur de multiples aspects (présentation du curriculum vitæ et du parcours, etc.) et vous redonne un cadre dans une période de chômage puisque vous devez assister à des réunions pendant lesquelles vous êtes coaché.

Un jeune candidat a souvent beaucoup plus de contacts avec les ressources humaines des entreprises qu'avec un chasseur de têtes. Ce service s'occupe souvent en intégralité du recrutement des collaborateurs, en partenariat avec les opérationnels. Mieux, certains recruteurs d'entreprises se comportent comme des chasseurs de têtes, en prenant directement contact avec des candidats, parfois même avec des étudiants encore à l'école. Ainsi dans certains secteurs (l'informatique et le conseil par exemple), l'une des missions des ressources humaines est de prendre contact avec toutes les promotions d'une école.

Pour que les chasseurs de têtes vous soient utiles, il vous faut bien comprendre :

- comment ils travaillent et comment ils sont organisés (objet de la présente fiche) ;
- comment entrer en relation avec eux (voir la fiche 28) ;
- comment garder contact avec eux (voir la fiche 29).

Ils ne travaillent pas tous de la même manière.

Rôle des chasseurs de têtes

Les chasseurs de têtes travaillent pour les entreprises qui les mandatent afin qu'ils les mettent en relation avec des candidats « intéressants ». Ils ne travaillent donc pas pour vous (voir encadré page 98). En contrepartie, soyez rassuré si vous parlez à un chasseur de têtes pour la première fois : il ne vous enverra pas de notes d'honoraires.

Des missions à tiroir

Les chasseurs de têtes ont généralement pour mission :

- **D'identifier et d'approcher les candidats** : les nouvelles technologies, notamment les réseaux sociaux, ont révolutionné la recherche des candidats. Il y a encore quelques années, les chasseurs de têtes se concentraient sur les très hauts potentiels et postaient des annonces pour des profils plus jeunes ou moins visibles. Il est aujourd'hui possible d'identifier et d'approcher plus facilement des candidats moins « haut de gamme » ou exposés.
- **D'évaluer les candidats** : les chasseurs de têtes effectuent un travail de sélection et de conseil aux clients dans leurs recrutements. Ils filtrent donc les candidats avant de les présenter aux clients. Même si l'avis du conseiller est important, le choix final revient toujours à l'entreprise.

Rôle dans le recrutement des jeunes

Il importe ensuite de comprendre comment les chasseurs de têtes gagnent leur vie. Ils sont généralement rémunérés entre 20 % et 35 % de la rémunération annuelle brute du candidat, parfois même avec un honoraire plancher qui leur garantit des honoraires minimaux. La rémunération des jeunes candidats étant moins élevée que celle de profils expérimentés, il est compréhensible que des chasseurs de têtes interviennent moins fréquemment dans le recrutement des jeunes diplômés et, parfois, de manière moins qualitative.

Parfois, lorsqu'il faut recruter des jeunes candidats, les ressources humaines et les chasseurs de têtes mènent des entretiens groupés pour réaliser des économies d'échelle. Ces entretiens se déroulent en plusieurs étapes, chacun étant libre de partir ou pouvant étant éliminé à chacune d'entre elles. Seuls les candidats ayant passé certaines étapes ont des entretiens individuels.

Toutefois, les cabinets recrutent des jeunes candidats dans certains cas de figure :

- Certains jeunes candidats de très haut niveau sont déjà confortablement rémunérés, ce qui assure déjà des honoraires plus importants au chasseur de têtes. En outre, ces candidats sont soigneusement identifiés par les cabinets. Dans certains cas, les plus prometteurs sont même surnommés les *young guns*.

- Ils ont créé des filiales dédiées aux missions moins rémunératrices. Ils s'intéressent donc assez naturellement aux jeunes diplômés. D'autant que les nouvelles technologies ont facilité leur identification.
- Ils font parfois figurer dans la liste des candidats présentés au client un *outsider* qui peut être un jeune collaborateur. Celui coûtera moins cher à l'entreprise qui acceptera, en contrepartie, de le former plus longtemps au poste.
- Certains chasseurs de têtes très spécialisés dans un domaine interviennent régulièrement sur le recrutement de juniors. C'est l'occasion pour eux de fidéliser des candidats tout au long de leur vie professionnelle.
- Un chasseur de têtes peut contacter un étudiant de dernière année d'une école pour un recrutement très spécialisé. Il sera alors certain que cet élève sera formé pour le poste en question.
- Des chasseurs de têtes haut de gamme ont besoin de fidéliser leur clientèle. Ils peuvent ponctuellement utiliser le recrutement de jeunes pour rendre service à leurs clients, parfois même hors mission. C'est alors un geste commercial.
- Ils peuvent notamment intervenir pour attirer les jeunes talents dans une PME moins visible qu'un grand groupe ou pour un recrutement ayant trait à une fonction plus inhabituelle pour elle (un métier lié au secteur digital par exemple).
- Certains grands groupes disposant d'un programme de recrutement des hauts potentiels présélectionnent des curriculum vitæ de jeunes candidats qu'ils transmettent à des chasseurs de têtes, à charge pour ces derniers de leur sélectionner une poignée de candidats.

Vous avez donc toutes vos chances d'être contacté un jour.

Une organisation très variable

Selon leur taille et leur positionnement, les cabinets de chasseurs de têtes peuvent être organisés très différemment.

Degré de spécialisation

Certains chasseurs de têtes sont très généralistes.

D'autres sont spécialisés :

- par fonctions (recrutement de spécialistes de la finance ou du marketing par exemple) ;

- par secteurs (recrutement dans le secteur de l'aéronautique, de l'industrie agroalimentaire, etc.).

Ils peuvent enfin travailler sur des missions plus ou moins haut de gamme.

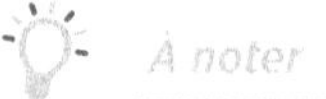

À noter

La chasse de têtes est de plus en plus intégrée dans un ensemble de prestations liées aux ressources humaines telles que l'évaluation, le coaching, etc.

Consultants et chargés de recherches

Certains cabinets sont dotés de chargés de recherche dont le rôle est d'identifier et, souvent, d'initier les premiers contacts avec le candidat. Ceux-ci peuvent être rattachés à un consultant ou travailler dans un centre de chargés de recherche mutualisé au sein du cabinet.

Quels conseils les chasseurs de têtes donnent-ils ?

Même s'ils sont mandatés par leurs clients, les chasseurs de têtes peuvent vous donner des conseils sur la manière de présenter votre parcours ou votre curriculum vitæ par exemple. Ils disposent surtout d'une excellente vision des métiers et des organisations. Vous pouvez donc prendre de l'information auprès d'eux :

- Sur les débouchés : quel secteur recrute votre fonction actuellement ?
- Sur la spécialisation : il y a par exemple de multiples sortes de postes dans le marketing, que celui-ci soit opérationnel, stratégique, etc.
- Sur les nomenclatures : le poste recherché porte parfois un intitulé différent en fonction des entreprises (géographie, taille de l'organisation, culture, etc.)
- Sur la rémunération que vous pouvez demander, etc.

Leur grille de lecture du marché peut donc vous être extrêmement utile.

Fiche 28

ENTRER EN RELATION AVEC LES CHASSEURS DE TÊTES

À un moment ou à un autre de votre carrière, vous serez certainement contacté par un chasseur de têtes. Il vous est également possible de prendre contact avec eux par vous-même : il faudra alors faire preuve de mordant.

Puisqu'il constitue un filtre avant l'accès à l'entreprise, il va falloir convaincre le chasseur de têtes avec qui vous allez tenter d'entrer en relation. Que vous l'approchiez vous-même ou que vous soyez approché, il va falloir jouer vos meilleures cartes (voir encadré page 101).

Approcher un chasseur de têtes

Il existe plusieurs manières de l'approcher.

Répondre à une offre

Vous pouvez par exemple trouver celle-ci sur un *jobboard*. Dans ce cas, c'est assez simple. Il suffit de prendre contact avec la personne qui figure en contact dans cette annonce, qu'il s'agisse du chargé de recherche ou du consultant.

Envoyer son curriculum vitæ et sa lettre de motivation en Word et en PDF (voir la fiche 23 « Dénicher les informations »).

Approche spontanée

Posez-vous les bonnes questions :

- Sélectionner le bon cabinet : montrez à un cabinet de chasse que vous le contactez pour une bonne raison et non par hasard (voir le bonus 12 : « E-mail de prise de contact avec un chasseur de têtes »). De la même manière qu'il faut cibler la bonne entreprise ou la bonne personne du réseau, il faut cibler le bon chasseur de têtes.

- Sélectionnez bien le cabinet auprès de qui vous postulez : cela ne sert à rien de prendre contact avec des cabinets trop prestigieux. Investissez si besoin dans un guide des cabinets de chasse de têtes afin de savoir qui contacter. Vous pouvez également vous renseigner auprès du service Carrières de votre association d'anciens.

Certains chasseurs de têtes ne reçoivent les candidats que si leurs profils correspondent aux missions qu'ils ont actuellement en cours tandis que d'autres en reçoivent continuellement.

- Contacter le chargé de recherche ou le consultant : le rôle du chargé de recherche est d'identifier les candidats dans le cadre d'une recherche en cours et de trier les candidatures reçues. Les chargés de recherche sont davantage focalisés sur les missions en cours que les consultants, généralement plus ouverts. Certains chargés de recherche ont vocation à devenir consultants. Essayez de garder contact avec ceux qui passent d'un cabinet à un autre. Vous bénéficierez ainsi de points d'entrée dans de nouveaux cabinets.

Gardez contact avec les camarades de promotion devenus chargés de recherche ou consultants. Ne soyez pas trop insistant pour autant.

Dans le cadre d'une candidature spontanée, envoyez votre curriculum vitæ au consultant et au chargé de recherche avec un e-mail séparé. Mettez directement vos coordonnées sur un message d'accompagnement, notamment si vous utilisez les réseaux sociaux.

- Choisir le bon canal : entre le téléphone, l'e-mail ou les réseaux sociaux professionnels, vous avez le choix pour prendre contact avec un cabinet de chasse de têtes.

Sauf à envoyer un message assorti d'une invitation, la version gratuite d'un réseau social professionnel ne vous permettra généralement pas d'envoyer directement un message à quelqu'un avec qui vous n'êtes pas connecté.

Voici une manière, parmi d'autres, de prendre contact avec un chasseur de têtes :

- Étape 1 : lui envoyer un e-mail de prise de contact personnalisé à un chasseur de têtes (voir le bonus 12 : « E-mail de prise de contact avec un chasseur de têtes »).
- Étape 2 : après quelques jours, essayez de joindre ce chasseur de têtes qui pourra retrouver dans sa messagerie l'e-mail que vous lui avez envoyé pendant votre conversation. Soyez prêt à le lui renvoyer s'il l'a malencontreusement supprimé.
- Étape 3 : une fois que vous aurez eu un contact avec ce chasseur, connectez-vous rapidement à lui sur un réseau social professionnel pour garder contact avec lui (voir la fiche 29 « Garder contact avec les chasseurs de têtes »).

Si vous souhaitez travailler à l'étranger, il est nécessaire de contacter directement les chasseurs de têtes dans le pays que vous visez. Activez si possible votre réseau pour essayer de dénicher ces contacts.

Montrer sa motivation

Nombreux sont les candidats en contact avec les chasseurs de têtes.

- **Si vous contactez le chasseur de têtes** : soyez différenciant pour attirer son attention : donnez-lui envie d'échanger avec vous et de vous présenter à un des clients en ayant une histoire à lui raconter. Un profil atypique peut être un atout. Il faudra toutefois bétonner votre discours.
- **Si vous êtes contacté par le chasseur de têtes** : ne croyez pas qu'il ne parlera qu'à vous. Essayez de montrer que vous êtes intéressé et intéressant en lui posant quelques questions sur le secteur d'activité, la société, sa culture d'entreprise ou encore sur le type de personnes auprès de qui vous seriez censé rapporter dans le cadre de ce poste, voire la fourchette de rémunération.

Être approché

Pour être approché par un chasseur de têtes, vous devez être visible ou être recommandé.

Être visible

Pour cela :

- Écrivez des articles si votre domaine s'y prête (le domaine scientifique par exemple). Soyez prudent : commencez peut-être par coécrire un article avec une personne plus expérimentée si vous n'êtes pas totalement sûr de vous.
- Faites partie d'associations professionnelles et assistez à leurs événements (voir la fiche 50 « Adhérer à une association professionnelle »).

Optimiser l'utilisation des réseaux sociaux

De plus en plus de chasseurs de têtes s'appuient sur les outils digitaux pour identifier les candidats intéressants pour leurs missions. Ils peuvent en effet vous trouver dans les bases de données d'anciens, grâce aux curriculum vitæ que vous laissez sur les *jobboards* et bien sûr grâce aux profils que vous aurez créés sur les réseaux sociaux professionnels.

Pour cela, soignez votre profil (voir la fiche 15 « Montrer son meilleur profil ») :

- Restez modeste avec les compétences que vous revendiquez. Si vous pensez toutefois sortir du lot par une expertise ou une spécificité que vous pourrez réellement défendre, mettez-la en avant.
- Soignez votre résumé : il peut indiquer votre projet professionnel.
- Si vous êtes en recherche active, faites le savoir.
- Soyez attentif à vos mots-clés pour être trouvés. Soyez vigilant à les orthographier correctement (voir encadré page suivante).

Si vous êtes très peu actif sur un réseau social, par exemple en ayant très peu de contacts ou en détaillant très peu votre profil, un chasseur de têtes jugera souvent qu'il y a moins de chances que vous répondiez à son message.
Et inversement, si votre domaine d'expertise est pointu, un chasseur de têtes peut vous repérer grâce à la qualité de vos réponses dans un groupe professionnel en ligne.

Être recommandé

Vous pouvez enfin être recommandé auprès d'un chasseur de têtes, souvent dans le cadre d'une de ses missions, par une personne qui vous connaît. Il peut s'agir :

- d'une personne qui a travaillé avec vous ;
- d'une personne que vous avez rencontrée au cours d'un entretien réseau.

Vous pourriez vous-même devenir une source pour les chasseurs de têtes et les chargés de recherche : c'est un excellent moyen de rendre service à votre réseau et de garder contact avec eux (voir la fiche 29 « Garder contact avec les chasseurs de têtes »).

Être visible sur les réseaux sociaux

Voici quelques conseils pour attirer l'attention des chasseurs de têtes sur les réseaux sociaux :

- Évitez les fautes d'orthographe dans les intitulés de poste : vous ne seriez pas retrouvé dans les moteurs de recherche.
- Soignez vos mots-clés dans votre profil.
- Privilégiez les recommandations écrites aux recommandations de compétences.
- Évitez de ne rien remplir sous un intitulé de poste.
- Soyez vigilant à la cohérence de votre profil.
- Utilisez une photo professionnelle.

Fiche 29
GARDER CONTACT AVEC LES CHASSEURS DE TÊTES

Faites votre possible pour qu'un chasseur de têtes pense à vous lorsqu'une de ses missions correspondra à votre profil.

Ce n'est pas parce que vous êtes entré en contact avec un chasseur de têtes que tout est fait. Faites votre possible pour rester en contact avec lui afin qu'il vous contacte lorsqu'il pourra vous faire figurer dans une liste de candidats.

Entretenir les relations avec les chasseurs de têtes même s'il n'est pas l'heure de changer de poste. Vous serez plus à l'aise pour les recontacter le jour où vous serez en recherche, si vous avez maintenu un lien.

Apprenez donc à réseauter avec les chasseurs de têtes et les chargés de recherche en créant une relation *intuitu personae*. Lorsqu'il a une mission en cours, le chasseur de têtes essaie de penser spontanément à un candidat potentiel. Essayez d'être celui-là.

Entretenir le lien

Vous devez garder le contact de manière passive (en étant connecté à eux sur les réseaux sociaux) et de manière active (en donnant de vos nouvelles).

Vous connecter

Connectez-vous à eux sur les réseaux sociaux professionnels. Vous sortirez ainsi bien mieux dans leurs résultats de recherche. La mise à jour de votre profil, notamment lorsque vous changerez de poste, n'en aura que davantage d'impact. Connectez-vous également aux responsables ressources humaines en charge du recrutement dans les entreprises.

N'oubliez pas que, de manière générale, plus vous aurez de contacts, plus vous apparaîtrez dans les résultats de recherche et plus vous aurez vous-mêmes de résultats dans vos recherches sur les réseaux sociaux (voir la fiche 12 « Rechercher des informations »).

Envoyer des nouvelles

Vous pouvez envoyer de vos nouvelles auprès :

- d'un chasseur de têtes que vous avez rencontré, que vous l'ayez approché spontanément ou qu'il vous ait approché ;
- d'un chasseur de têtes qui vous a placé dans une entreprise (ce n'est pas pour partir tout de suite bien sûr mais pour préparer l'avenir).

N'en faites pas trop. Si vous êtes en recherche, n'envoyez pas plus d'un message spontané par trimestre à votre interlocuteur, faute de quoi vous risquez de l'indisposer.

Quoi qu'il arrive, envoyez vos vœux de fin d'année aux consultants et aux chargés de recherche.

Se rendre utile

Même si vous êtes jeune, rien ne vous empêche de vous rendre utile.

Fournir des informations

Vous pouvez, par exemple, devenir une source d'informations :

- En donnant le nom de candidats potentiels lorsqu'un chasseur vous questionne sur votre secteur. Restez aussi objectif que possible.

Donner le nom d'un ami qui ne correspond pas au poste ou, pire, vous offusquer de ne pas avoir été mis dans la liste des candidats potentiels.

- En leur dressant le panorama d'un secteur que vous connaissez bien. Il arrive en effet que des chasseurs de têtes interviennent ponctuellement dans des secteurs qui ne leur sont pas familiers. Vous pouvez leur faire gagner du temps en en décryptant certaines pratiques ou en leur donnant quelques noms de personnes réputées dans leur domaine, ne serait que pour qu'ils consultent leurs profils en ligne.

Rester loyal

Tâchez de rester loyal envers :

- Votre entreprise : il ne s'agit pas de donner au chasseur de têtes les numéros de ligne directe de toutes les personnes à contacter au sein de votre entreprise. Abstenez-vous de contribuer au départ de vos collègues.
- Vos contacts : si un maître de stage s'est montré particulièrement sympathique avec vous, ne le récompensez pas en aidant un chasseur de têtes à recruter parmi ses effectifs.

En clair, préférez donner le nom de personnes qui vous semblent taillées pour le poste mais dont le départ ne nuira pas à une autre de vos relations.

LES DIX RÈGLES D'OR DU RÉSEAU POUR ÊTRE RECRUTÉ

1. **Donner envie aux autres de vous aider.** *Rien ne vous est dû. Commencez par adresser un message clair de ce que vous recherchez à vos contacts.*
2. **Soyez visible sur Internet.** *Inscrivez-vous sur les réseaux sociaux professionnels et déposez votre curriculum vitæ sur les bons jobboards.*
3. **S'informer auprès de multiples sources.** *Cela vous permettra d'affiner votre projet professionnel ou de préparer efficacement un entretien d'embauche.*
4. **Ne pas se contenter des offres d'emploi visibles.** *Essayez d'accéder au marché caché en activant votre réseau.*
5. **S'entraider entre camarades de promotion.** *Ne croyez pas que vous ne pouvez pas vous aider mutuellement au sein de l'école.*
6. **Donner des nouvelles aux personnes qui vous ont aidé.** *Tenez-les au courant de la suite des événements. N'attendez pas qu'elles vous sollicitent.*
7. **Ne jamais demander un travail à quelqu'un.** *Proposez-lui d'échanger sur votre secteur ou sur votre projet professionnel.*
8. **Se renseigner sur les exposants avant un salon de recrutement.** *En étant préparé, vous donnerez envie à votre interlocuteur d'approfondir l'entretien et, peut-être, de garder contact avec vous.*
9. **Sélectionner les chasseurs de têtes auprès de qui postuler**. *Rien ne sert de candidater auprès de cabinets trop prestigieux.*
10. **Entretenir le lien avec les recruteurs.** *Connectez-vous à eux sur les réseaux sociaux et donnez-leur de vos nouvelles.*

Partie 4
RÉSEAUTER EN ENTREPRISE

Que vous soyez stagiaire, apprenti ou junior, l'entreprise constitue un terrain de jeu exceptionnel pour le réseautage.

Objectifs

√ Réseauter prudemment en interne.

√ Tirer parti de toutes les occasions de construire son réseau.

√ Apprendre à garder le contact après son départ.

Fiche 30

SOIGNER SON ARRIVÉE

Il est primordial de soigner votre arrivée dans l'entreprise, afin de faire bonne impression aux personnes qui vous y accueillent.

L'entreprise est ici entendue comme le monde du travail en général. Les développements qui suivent concernent également le secteur public.

Pour réussir votre arrivée, commencez par la préparer en vous renseignant sur l'entreprise qui vous accueille. Cela permettra tout de suite à votre interlocuteur de vous situer parmi les personnes motivées. Les recherches effectuées pour votre entretien d'embauche ne suffisent plus : ce n'est qu'un point de départ pour creuser davantage.

Trouver des informations est plus ou moins simple en fonction de la taille de l'entreprise. Si l'entreprise est petite, vous en trouverez certainement plus difficilement. Si vous ne pouvez pas vous renseigner sur l'entreprise, faites-le sur son secteur d'activité. Vous trouverez nécessairement des informations en multipliant les sources.

Le jour J

Le premier jour en entreprise vous demandera d'emmagasiner un grand nombre d'informations.

Le tour des équipes

Il y a de grandes chances pour que l'on vous emmène faire le tour des équipes, surtout si vous êtes un nouveau collaborateur. Il est normal que vous ne parveniez pas à vous souvenir de qui est qui. S'il existe un trombinoscope ou un organigramme sur l'intranet de l'entreprise, consultez-le attentivement.

Informez-vous sur le parcours de vos interlocuteurs : certains ont-ils la même formation que vous ? Voilà un bon point d'entrée pour engager une conversation.

À noter

Une conversation qui n'a pas directement trait au travail doit être engagée au bon moment. Ne dérangez pas une personne qui vous semble particulièrement occupée. Préférez les moments de détente tels que les événements internes ou la pause-café (voir la fiche 31 « Trouver sa place en interne »).

Comprendre les usages

Observez les us et coutumes de votre lieu de travail. Dans certaines entreprises ou dans certains secteurs, il est d'usage de serrer la main (voire même de faire la bise) à tous ses collègues. Cela n'est pas le cas partout. Si vous avez un doute, observez les usages des uns et des autres autour de vous. Quoi qu'il arrive, saluez poliment toutes les personnes que vous croiserez, que vous les connaissiez ou non. Si besoin, présentez-vous.

Le bon réflexe

Avoir toujours de quoi noter lorsque vous rendez visite à quelqu'un dans l'entreprise. Ne comptez pas trop sur votre mémoire. Cela fera en outre meilleure impression à votre interlocuteur.

Profiter des opportunités d'intégration

Les journées, séminaires ou ateliers d'intégration, sont d'abord l'occasion de mieux connaître votre entreprise et ses pratiques et ensuite de vous constituer un réseau interne. Leurs formes sont multiples.

En fonction de la finalité et de la durée des opérations d'intégration, il sera plus ou moins facile de vous créer un réseau. Même s'il n'y a pas de moment dédié à cela dans le programme, faites de votre mieux pour créer des liens.

Les programmes d'intégration sont très variables en termes de :

- Finalité : mieux connaître l'entreprise, s'intégrer ou être repéré.
- Durée : d'une journée à plusieurs semaines (par période de trois jours répartis sur plusieurs mois par exemple).

- Segmentation : Les séminaires d'intégration sont souvent organisés par niveaux hiérarchiques. Au sein d'un grand groupe, ils sont généralement organisés par filiales.

En savoir plus sur l'entreprise

De véritables programmes d'acculturation à l'entreprise sont parfois mis en place pour les stagiaires ou les jeunes salariés.

Ainsi, il peut être question de :

- mieux vous faire connaître l'entreprise ;

  > Exemple : Un fleuron du luxe détaillant pendant trois jours à ses stagiaires son histoire et son positionnement.

- vous permettre d'être rapidement opérationnel.

  > Exemple : Une entreprise du conseil expliquant toutes les formalités administratives à ses jeunes consultants.

Vous intégrer

Dans d'autres PME, les nouveaux salariés situés au siège font l'objet d'une journée d'intégration aussi individualisée que possible au cours de laquelle ils font le tour des services pour se présenter et déjeunent avec toute l'équipe de leur service.

Les nouveaux arrivants au sein de certaines PME sont parfois mis à l'honneur lors d'une convention nationale annuelle.

Vous faire repérer

Dans certains cas, des séminaires seront organisés autour d'ateliers, ce qui sera un moyen pour le nouvel entrant de se faire repérer par des managers et de nouer des liens. Dans d'autres cas, des séminaires d'intégration pouvant durer quelques semaines se termineront même par un passage devant un jury pour vérifier que certaines connaissances ont bien été acquises.

Fiche 31
TROUVER SA PLACE EN INTERNE

Réseautez prudemment mais consciencieusement pour trouver votre place. Les événements internes constituent de très belles occasions de nouer des contacts.

Que vous soyez un nouveau salarié ou un stagiaire, il est important que vous trouviez votre place en interne. Les moyens sont nombreux pour y parvenir :

- s'intégrer au moment de sa prise de poste ;
- évoluer au sein de la structure ;
- bien travailler en équipe.

Quel que soit votre niveau professionnel, commencez par vous investir dans votre travail : c'est le meilleur moyen d'être repéré et de vous créer votre réseau de sponsors, qu'il vous aide au sein de l'entreprise ou, plus tard, à l'extérieur de l'entreprise.

Le réseautage interne est un véritable enjeu pour un jeune professionnel. Dans un grand groupe par exemple, le réseautage interne permet d'être informé en amont des opportunités de postes dans d'autres filiales (voir la fiche 36 « Décrocher une mobilité interne »).

Coaching d'intégration

Le coaching d'intégration consiste à aider une personne à prendre un poste en l'aidant à devenir opérationnelle le plus rapidement possible. Le coach, prestataire externe à l'entreprise, accompagne généralement le binôme jeune salarié/manager au gré de séances régulières. Il est par exemple utilisé dans le conseil haut de gamme, le secteur pharmaceutique ou les technologies de pointe. Il est plutôt réservé aux jeunes collaborateurs à haut potentiel.

S'adapter

Apprenez à vous adapter à votre secteur d'activité, à votre fonction, à votre entreprise et à votre interlocuteur.

Certaines sociétés vous affecteront un tuteur dont la mission sera de vous accueillir, de vous former et de vous évaluer. Faites-lui part des questions que vous posez.

À son secteur d'activité

Certains secteurs ont des codes qu'il convient de respecter (voir encadré page 115). Renseignez-vous au maximum sur ceux-ci, par exemple sur les éléments de langage qui y sont familiers. D'autres secteurs sont particulièrement corporatistes. Ces renseignements peuvent être pris auprès des anciens de votre école.

À sa fonction

Certaines fonctions peuvent s'appuyer sur un réseautage particulier.

> Exemple. Placés sur différents projets, les ingénieurs en bâtiment d'un groupe de construction réseautent entre eux pour se transmettre des informations sur les projets en cours et les postes qui y sont à prendre.

Lorsque l'information circule mal en interne, le réseautage peut vous permettre d'y accéder.

À la culture de son entreprise

Les us et coutumes ne seront pas les mêmes selon le type d'entreprises dans lesquelles vous travaillez. Au sein d'un même secteur, des entreprises peuvent être aussi chaleureuses que froides. Certaines d'entre elles peuvent par exemple être très paternalistes.

> Exemple. Certaines grandes entreprises incitent leurs salariés à déjeuner avec des personnes d'autres services pour qu'ils apprennent à mieux se connaître.

À son interlocuteur

Adaptez-vous enfin à la personne qui se trouve en face de vous. Certaines personnes disposent parfois d'un statut particulier dû à leur ancienneté dans la société ou à leur rattachement hiérarchique. Et ce n'est pas parce qu'une personne est particulièrement sympathique que vous pouvez tout vous permettre.

Considérer l'âge de votre interlocuteur comme un indicateur fiable de la manière dont vous devez lui parler. Dans la vie professionnelle, ce n'est pas forcément parce que vous êtes plus âgé que vous êtes plus gradé. Un stagiaire peut donc être plus âgé qu'un salarié. Habituez-vous-y : plus vous aurez d'expérience, plus vous constaterez des différences d'âge entre les différents échelons hiérarchiques.

Quelques pièges à éviter en entreprise

Tout le monde ne sait pas forcément intuitivement comment se comporter en entreprise. Voici quelques pièges à éviter :

- Se faire un ennemi même si l'on pense que l'on devrait en vouloir à quelqu'un.
- Donner l'impression aux personnes que vous côtoyez de vouloir leur apprendre leur métier.
- Prendre part aux polémiques internes.
- Dans certaines entreprises, il est possible d'envoyer un e-mail interne à toute la société ou à tout un service au sein d'un grand groupe. Abstenez-vous de le faire, sauf si on vous le demande. Évitez par exemple de demander par e-mail à toute la société des conseils pour votre orientation pendant que vous êtes en stage.

Profiter des événements internes

Qu'ils soient réguliers ou exceptionnels, les événements internes sont l'occasion de mieux connaître ses collègues. Ces occasions de réseautage, possibles dans des entreprises de toutes tailles, peuvent donc vous permettre de muscler votre réseau interne.

Les formations

Les moments de formation permettent de croiser de multiples personnes en interne, au début de son parcours dans l'entreprise ou de manière régulière. C'est parfois l'occasion de :

- revoir régulièrement certaines personnes, ce qui permet de créer des liens dans la durée ;
- croiser des personnes de zones géographiques différentes.

Des universités d'entreprises existent dans certains grands groupes. Souvent réservées aux cadres, elles offrent des moments de formation qui permettent de rencontrer des personnes d'autres filiales ou d'autres directions.

Pots de départ des collègues

S'il faut bien sûr savoir dire au revoir (voir la fiche 34 « Réussir son départ »), il faut également se rendre au pot de départ de ses collègues. C'est une occasion de garder contact avec celui qui s'en va et de côtoyer ceux qui restent dans une ambiance différente.

Journées de *team building*

Les événements de *team building* permettent de renforcer la cohésion des équipes entre elles. Elles sont l'occasion de mieux connaître d'autres personnes de l'entreprise, qu'il s'agisse de collègues que l'on voit sous un jour différent ou encore de supérieurs hiérarchiques qui pourront eux aussi faire votre connaissance.

Se connecter à ses collègues sur les réseaux sociaux professionnels. Réservez les envois d'invitations aux personnes que vous connaissez dans l'entreprise. En revanche, si une personne de l'entreprise vous envoie cette invitation, acceptez-la même si vous ne la connaissez pas. Profitez de cette occasion pour lui envoyer un mot en réponse afin de la remercier pour cette invitation et, si cela s'y prête, de prendre un café.

Le tutoiement est une question délicate

Les règles varient beaucoup en fonction des secteurs d'activité et de la culture de l'entreprise. C'est à votre supérieur hiérarchique de donner le ton :

- Surtout, ne le tutoyez pas vous-même, même s'il est plus jeune que vous.
- S'il vous tutoie, continuez à le vouvoyer.
- S'il vous demande de le tutoyer, vous pouvez le faire. Si vous êtes plus à l'aise en le vouvoyant, demandez-lui si vous pouvez continuer à le faire. Dans certains cas, vos supérieurs hiérarchiques prendront mal que vous ne les tutoyiez pas. Obtempérez !

Fiche 32
EXISTER POUR REVENIR

Un stage est parfois l'occasion d'être remarqué afin d'être embauché par la suite, soit directement après le stage, soit quelque temps après.

Accueillir des stagiaires est souvent l'occasion de déterminer qui pourrait faire une bonne recrue pour l'entreprise. Encore faut-il qu'il y ait une opportunité de recrutement.

Ces techniques sont également valables pour un salarié en contrat d'apprentissage souhaitant être embauché dans l'entreprise.

Une chance de rester ?

Plusieurs cas de figure existent :

- Le stage fait vraiment office de prérecrutement : c'est souvent le cas dans certains secteurs où des entreprises ont constamment besoin de renouveler leur main-d'œuvre. Elles s'appuient alors sur les stages pour recruter de nouveaux talents.
- Le recrutement de stagiaires est occasionnel : votre passage apprécié pourrait coïncider avec le départ de quelqu'un dans l'entreprise.
- Il n'y a vraiment aucune chance : vous pourriez vous dire que vous êtes dans ce cas de figure car la conjoncture est très mauvaise ou que l'entreprise vous a précisé ne jamais recruter quelqu'un à sa sortie de l'école. Relativisez : il *semble* qu'il n'y ait aucune chance. Impossible de savoir ce qui pourrait arriver. Une exception pourrait être faite pour vous.

Ne pas vous investir dans votre stage sous prétexte que ce n'est pas le bon moment pour vous, par exemple parce qu'il vous reste une année d'étude avant l'embauche. Vous pourriez recroiser des personnes de cette entreprise dans une autre vie professionnelle.

Faites-vous connaître

Faites savoir que vous aimeriez rester.

Informer son maître de stage

C'est sur lui que vous devez compter en premier lieu : ne le contournez pas. Ne soyez pas trop insistant. S'il s'intéresse à vous et a envie de vous aider, il le fera.

Il pourra vous aider :

- en appuyant votre candidature auprès des ressources humaines ;
- en se renseignant éventuellement sur les besoins d'autres services, d'autres zones géographiques ou encore d'autres branches du groupe.

Anticiper toute demande de prolongement de stage. Effectuez-la suffisamment en amont pour qu'elle puisse être examinée sereinement par votre responsable de stage et les ressources humaines.

Réseauter avec les autres services

Il faut profiter des occasions de réseauter en interne tout au long du stage afin de se faire connaître des décideurs et des services des ressources humaines. Et même si vous n'arrivez pas à vous faire recruter, les personnes que vous aurez connues de cette manière feront à l'avenir partie de votre réseau.

Tant que rien n'est signé, rien n'est fait. Les promesses n'engagent que ceux qui les écoutent. Elles ne doivent pas vous empêcher de continuer à chercher ailleurs.

Fiche 33
CRÉER DES LIENS AVEC LES AUTRES STAGIAIRES

Les autres stagiaires constituent un premier cercle avec qui il est très utile de garder contact pour densifier son réseau.

Votre scolarité sera souvent l'occasion d'effectuer quelques stages, parfois trop aux yeux de certains. Vous allez nécessairement rencontrer un grand nombre d'autres stagiaires. Mettez à profit ces expériences pour faire croître votre réseau. Quel que soit votre secteur d'activité, les autres stagiaires constituent votre premier cercle. En effet, que votre stage constitue une bonne expérience ou reste un mauvais souvenir, avoir été stagiaire ensemble crée des liens.

Pendant le stage

Certaines entreprises sont des « usines à stagiaires ». Voyez le bon côté des choses : cela sera l'occasion de multiplier les contacts.

Échanger avec tous les stagiaires

Ne restez pas entre vous : allez à la rencontre des stagiaires d'autres départements de l'entreprise. La pause déjeuner est un excellent moyen de faire connaissance. Si vous travaillez au service comptabilité, vous pouvez par exemple côtoyer des stagiaires du service juridique. Qui sait ? Dans quelques années, lorsque vous serez directeur des affaires financières, ils feront peut-être toujours partie de votre réseau en tant qu'avocats par exemple.

Snober les stagiaires d'autres services. Votre intérêt à long terme est de disposer d'un réseau aussi diversifié que possible.

Leur faire part d'opportunités

Il existe un point commun à tous les stagiaires: ils veulent être recrutés. Échangez avec les autres stagiaires des informations sur des stages ou des postes à prendre, comme vous pourriez le faire avec vos camarades de promotion (voir la fiche 19 « Être utile à ses camarades »).

Après le stage

Faites tout votre possible pour maintenir les liens une fois votre stage terminé.

Maintenir les liens

Il existe de multiples manières de garder contact avec les autres stagiaires:

- vous connecter sur les réseaux sociaux professionnels;
- rejoindre, et peut-être même créer, les groupes d'anciens stagiaires en ligne;
- créer une mailing-list et vous revoir au gré d'événements pour échanger sur vos parcours et vos expériences.

Même si vous ne vous voyez pas souvent, tâchez de maintenir le contact. Ces autres stagiaires seront autant de portes d'entrée dans d'autres entreprises plus tard en tant que clients ou prescripteurs, etc.

Vous coopter

Ces stagiaires qui vous ont connu peuvent vous coopter comme les personnes des autres générations de votre école (voir la fiche 19 « Être utile à ses camarades »). Cette cooptation aura d'autant plus d'impact que vous avez travaillé réellement ensemble, comme cela sera le cas si vous avez effectué des missions ensemble au sein d'une junior entreprise.

Vous pourrez enfin aider d'autres stagiaires plus jeunes que vous, tout comme vous pourriez aider des camarades de promotions précédentes.

À noter

Un autre moyen de côtoyer des personnes de votre tranche d'âge est de réseauter au sein des branches dédiées aux jeunes des associations professionnelles (voir la fiche 50 « Adhérer à une association professionnelle »).

Fiche 34
RÉUSSIR SON DÉPART

Il est important de partir en laissant un bon souvenir à ses collègues. Vous pourrez d'autant plus facilement garder et reprendre contact avec l'entreprise.

Les entreprises voient passer beaucoup de stagiaires. Après un stage réussi, faites en sorte de réussir votre départ afin que vos nouveaux contacts se souviennent de vous.

Vous disposez de trois moyens pour réussir votre départ :

- organiser un pot de départ ;
- faire le tour des bureaux ;
- envoyer un e-mail d'au revoir.

Partir le dernier jour de votre stage comme si vous alliez revenir le lendemain.

Que vous soyez stagiaire ou jeune collaborateur, travaillez sérieusement jusqu'au dernier moment. Il est important de partir avec classe pour laisser un bon souvenir à ses supérieurs hiérarchiques et collègues. Vous les recroiserez peut-être un jour.

Pot de départ

S'il n'est pas obligatoire d'organiser un pot de départ, sachez que c'est très apprécié. C'est en effet l'occasion d'échanger un peu plus longuement avec de multiples personnes. Rassurez-vous : il n'est pas nécessaire de dépenser beaucoup d'argent. L'idéal est d'organiser un petit-déjeuner.

Qui inviter ?

Tout dépend de la taille de la société dans laquelle vous effectuez votre stage. Il ne sera parfois pas possible, ni même souhaitable d'inviter trop de monde.

Commencez par inviter le service qui vous accueille : bien évidemment, toutes les personnes qui en font partie doivent être conviées.

Vous pouvez également :

- inviter toute la société (si sa taille vous le permet bien évidemment) ;
- inviter certaines personnes d'autres services avec qui vous avez eu l'occasion de travailler.

Convier les stagiaires des autres services à son pot de départ.

Une bonne solution peut être de mutualiser le pot de départ entre stagiaires. Cela vous permettra d'y convier des personnes de l'entreprise qui ne travaillaient pas avec vous directement mais avec vos camarades stagiaires.

Tour des bureaux

Ne négligez pas d'effectuer un tour des bureaux pour saluer les personnes que vous avez côtoyées.

Si l'entreprise n'est pas trop grande, vous pouvez dire au revoir à tout le monde.

Soyez stratège en allant passer un peu de temps avec certaines personnes en particulier, notamment le service des ressources humaines. Si le contact avec une personne haut placée dans l'organigramme vous semble bon, saisissez l'occasion de lui parler quelques minutes pour lui faire part de votre projet. Peut-être celle-ci en touchera-t-elle un mot aux ressources humaines ?

Ne pas insister si certaines personnes vous semblent très occupées lorsque vous passez les saluer. Vous réessaierez plus tard !

E-mail d'au revoir

Il est recommandé d'envoyer un e-mail de départ interne.

C'est l'une des rares fois où il sera approprié d'envoyer un e-mail à tous. Vous pouvez d'ailleurs lancer l'invitation à votre pot de départ dans votre e-mail de départ (voir le bonus 10 : « E-mail de départ de l'entreprise »).

Rédiger un e-mail de départ externe

Il sera peut-être nécessaire de rédiger un e-mail afin d'informer vos interlocuteurs externes de votre départ. Gardez bien à l'esprit que les contacts de l'entreprise ne sont pas vos contacts. Agissez avec prudence :

- Si vous êtes stagiaire : demandez conseil à votre maître de stage.
- Si vous êtes collaborateur : envoyez un e-mail de départ à vos contacts personnels.

Dans ce cas, vous pouvez donner vos coordonnées personnelles pour être joint et les coordonnées d'une personne de l'entreprise qui reprend les dossiers que vous laissez. Envoyez impérativement tout e-mail groupé en copie carbone invisible (CCI).

Contenu du message

Ne rédigez pas votre message à la va-vite. Prenez au contraire le temps de réfléchir à son contenu et de le relire à tête reposée pour éviter les fautes d'orthographe.

Voici quelques conseils :

- Soyez sobre : l'humour est à vos risques et périls.
- Remerciez quelques personnes, en premier lieu votre maître de stage et le service qui vous a accueilli, ce n'est pas la peine de remercier la terre entière.

Envoyer un e-mail de remerciement personnalisé à certaines autres personnes.

- Donnez vos coordonnées personnelles pour que ceux qui le souhaitent puissent rester en contact avec vous.
- Mettez un lien vers votre profil sur un réseau social professionnel. Ainsi, vous laissez le choix à vos collègues de vous inviter ou non.

Envoyer l'e-mail au bon moment

Ce message de départ doit être envoyé depuis votre adresse professionnelle. Évitez cependant de l'envoyer juste avant votre départ de l'entreprise : vous manqueriez les éventuelles réponses à cet e-mail puisque vous n'aurez plus accès à la messagerie quelques minutes plus tard.

Mettre votre adresse personnelle en copie apparente de votre e-mail de départ afin que les personnes qui répondent à votre message le fassent en même temps à cette adresse personnelle. Avec un peu de chance, ils l'ajouteront même à leur carnet d'adresses.

Enfin, tâchez de garder contact avec vos anciens collègues après votre départ, par exemple en les tenant au courant de l'avancée de vos recherches d'emploi ou de votre carrière (voir section « Maintenir les liens avec ses anciens collègues », à partir de la page 135).

Demander une lettre de recommandation

La lettre de recommandation est un plus à présenter lorsque vous postulez dans une nouvelle structure. Sachez qu'elle est beaucoup plus fréquemment utilisée dans certains pays étrangers qu'en France.

N'en demandez une que si vous sentez que votre stage s'est bien déroulé et suffisamment en amont de votre départ. Certaines personnes vous proposeront parfois de leur rédiger une lettre de recommandation qu'ils modifieront. Si c'est le cas, n'en faites pas trop en la rédigeant.

Vous pouvez également demander à vos supérieurs s'ils acceptent d'être appelés par de futurs employeurs pour attester de votre sérieux, auquel cas vous pourrez faire figurer ces références sur votre curriculum vitæ dans une catégorie « Personnes à contacter ». Cela se fait beaucoup dans les pays anglo-saxons.

Fiche 35
RÉSEAUTER EN INTERNE

Essayez de nouer des contacts en interne en restant prudent. Apprenez à vous mettre en avant à bon escient.

Encore une fois, être investi dans son travail est la meilleure manière de vous construire un réseau utile et surtout prêt à vous recommander. Le réseautage interne est nécessaire dans toutes les entreprises, de la PME au grand groupe. Dans ce dernier, il faudra parfois compter sur son réseau pour changer de poste, qu'il s'agisse d'être informé en amont des opportunités ou d'être appuyé dans cette demande (voir la fiche 36 « Décrocher une mobilité interne »).

Appliquez toutes les recettes utiles au réseautage.

Le piège à éviter

Prendre part aux polémiques internes, même si vous y êtes incité par vos collègues.

Se rendre utile

Intéressez-vous aux autres pour vous rendre utile.

Le piège à éviter

Contourner ses interlocuteurs. Votre interlocuteur premier est votre supérieur direct. Ne passez pas au-dessus de lui si vous avez une idée. De manière générale, respectez scrupuleusement les règles internes en termes de circulation de l'information.

Vous pouvez par exemple :

- Mettre en relation un de vos collègues avec un professionnel extérieur susceptible de lui être utile.

Journaliste au sein d'une chaîne de télévision, vous pouvez mettre en relation un de vos collègues avec un cadreur intermittent compétent et disponible qu'il ne connaît pas.

- Présenter un client potentiel aux équipes commerciales de votre entreprise. Cela sera apprécié. Assurez-vous simplement que vous ne leur ferez pas perdre de temps en leur présentant un client qui n'est pas adapté au positionnement de l'entreprise.

Avocat stagiaire au sein d'un cabinet ne travaillant que pour des acteurs institutionnels, évitez de présenter une personne physique pour un petit dossier à votre maître de stage. Vous serez bien plus utile à ce client potentiel en lui cherchant un avocat spécialisé sur ce type de dossiers. N'essayez pas de forcer l'entrée en relation : le seul résultat sera de montrer à votre maître de stage que vous n'avez pas compris quel est le positionnement du cabinet.

- Mettre en relation un de vos collègues avec quelqu'un susceptible de l'aider à régler un problème.

Junior dans une société de conseil en stratégie, vous travaillez sur une proposition de mission destinée à un secteur que votre employeur ne connaît pas bien. Si votre ancien maître de stage avec qui vous avez gardé de bons rapports est un spécialiste de ce domaine, il pourrait être approprié de lui proposer une mise en relation.

Mettre quelqu'un devant le fait accompli. Proposez-lui toujours une mise en relation avant de la lui imposer.

Profiter des opportunités internes

Les opportunités de se créer un réseau en interne sont nombreuses pour les jeunes professionnels, notamment dans les grands groupes.

Bénéficier d'un programme de mentorat

Un programme de mentorat consiste à mettre un jeune collaborateur en relation avec un mentor qui lui donnera des conseils pour résoudre certains problèmes et évoluer dans sa carrière. Il lui fera gagner du temps en le faisant bénéficier de son expérience.

Des différences existent en termes :

- **De participation au programme** : tout le monde n'y a pas forcément accès. Les critères d'affectation sont même souvent assez opaques. Les services des ressources humaines peuvent proposer que certains talents identifiés en bénéficient.
- **De choix du mentor et du mentoré** : il arrive souvent que le mentor choisisse son mentoré sans que l'inverse ne soit vrai. ce dernier pourra parfois formuler une liste de vœux.
- **De confidentialité** : le mentoré n'a parfois pas le droit de dire qui est son mentor.
- **De fréquence des échanges** : les réunions ont généralement lieu tous les deux ou trois semaines.

Enfin, dans les grands groupes, le mentorat se fait généralement dans la même filiale, mais pas dans la même ligne hiérarchique directe.

À noter

Peut-être trouverez-vous votre mentor par vous-même ? S'il n'est pas facile d'aller voir quelqu'un pour lui demander d'être son mentor lors de son arrivée dans l'entreprise, cela pourra peut-être se faire avec le temps. De même, votre mentor pourrait également être un de vos anciens employeurs.

Un tel programme doit être différencié de ceux qui existent au sein des associations (voir la fiche 50 « Adhérer à une association professionnelle »). Le programme de mentorat peut parfois être assorti d'une prestation assurée par un coach individuel et des formations.

Apparu depuis peu, le *reverse mentoring* est quant à lui une excellente façon d'être identifié (voir encadré page suivante).

S'investir dans un groupe de travail

Ces groupes de travail sont l'occasion de muscler votre réseau interne en fréquentant des collègues d'autres services que vous n'auriez pas nécessairement croisés hors de ce cadre.

Participer à des concours

De nombreux groupes mettent en place des concours internes, souvent liés à l'innovation. C'est un bon moyen de se distinguer et de se faire repérer par un mentor ou un sponsor. Gagner un tel concours est souvent l'occasion d'être mis à l'honneur lors d'une convention nationale du groupe et sur l'intranet.

Devenir *campus manager*

Certaines entreprises souhaitent bénéficier de points d'entrée dans des écoles cibles. Peut-être pouvez devenir *campus manager* dans votre ancienne école pour son compte ? Dans certains cas, vous serez le point d'entrée dans l'entreprise de personnes recherchant un stage et représenterez l'entreprise sur les salons de l'école par exemple.

Le terme *campus manager* peut également désigner un membre des ressources humaines dont la mission est d'attirer et de recruter les jeunes diplômés auprès de différentes écoles et universités.

Intégrer une association

De nombreuses associations existent aujourd'hui dans les entreprises, allant des associations féminines aux clubs sportifs.

Négliger son travail direct. C'est très bien de participer aux activités du groupe : concours interne, investissement dans des groupes de travail, etc. Mais c'est avant tout pour votre mission première que l'on vous rémunère. Vous risqueriez de vous exposer inutilement, voire même de susciter un peu de jalousie. Si votre travail s'en ressentait, vous pourriez devenir une cible.

Le reverse mentoring

Certaines entreprises ont aujourd'hui mis en place des programmes de *reverse mentoring* pendant lesquels des jeunes aident des plus anciens à s'approprier les outils de réseaux et les médias sociaux. C'est un cas à part où les jeunes apportent aux anciens. C'est un excellent moyen de se constituer un réseau en fréquentant des personnes haut placées dans l'organigramme. Vous êtes le mentor mais le mentoré peut beaucoup pour vous.

Fiche 36
DÉCROCHER UNE MOBILITÉ INTERNE

Les mouvements sont fréquents au sein des grands groupes. Réseauter en interne peut vous permettre de faciliter votre transfert.

Changer de poste ne signifie pas nécessairement changer d'entreprise. Vous pouvez peut-être envisager de changer de poste en interne. Certaines sociétés encouragent d'ailleurs leurs salariés à y effectuer toute leur carrière.

Différents cas de figure

Sachez que les changements de poste tiennent à différents paramètres, plus ou moins clairs en fonction des sociétés :

- **Le type de secteur dans lequel vous évoluez :** dans certains secteurs, quelques fonctions sont très valorisées. Les jeunes salariés disposent alors de parcours identifiés et très balisés. Dans d'autres corps de métiers, ces fonctions pourront l'être beaucoup moins : il sera alors beaucoup plus difficile de bouger en interne, qu'il s'agisse de changer de fonction, de service, de division ou de zone géographique.

Si vous y parvenez, intégrer un programme de cadres à haut potentiel (*graduate program*), vous mettra sur les rails d'une belle carrière en changeant régulièrement de poste, comprenant souvent une ou plusieurs étapes à l'étranger.

- **La politique interne :** dans certains groupes, il est admis de changer de poste tous les trois ans par exemple, mais pas avant.

Prendre contact avec des personnes de différents secteurs pour les interroger sur leurs parcours.

Les choses seront différentes si vous travaillez sur des projets pour lesquels vous êtes détachés. Cela peut être le cas pour des ingénieurs ou des consultants. Dans ce cas, vos activités de réseautage auront pour but d'être affectées sur les projets les plus intéressants pour vous.

Anticiper un changement de poste

Tout changement de fonctions intragroupe s'anticipe.

Être informé

Dans la plupart des cas, des annonces d'ouverture de postes seront faites. Disposer d'un bon réseau vous permettra de vous positionner en amont de leur publication.

Être recommandé

L'idéal est d'être appuyé dans votre candidature par un sponsor, par exemple : la personne qui est censée vous accueillir. Votre sponsor peut également être votre chef de service et pas seulement parce qu'il veut se séparer de vous… Il est en effet admis qu'un salarié apprécié soit recommandé par son supérieur car ce dernier ne peut pas le faire évoluer. En fonction des cas, il faudra donc communiquer ou non sur votre envie de voir ailleurs auprès de votre supérieur actuel (voir encadré ci-dessous).

Quelle communication interne ?

En candidatant ailleurs, vous prenez nécessairement un risque. Ne communiquez jamais sur votre envie de partir si vous candidatez hors du groupe. Évitez à cet égard de brandir une menace de départ si vous êtes mécontent : vous risqueriez très vite de vous voir répondre que la porte est grande ouverte. Dans l'hypothèse où vous ne disposeriez pas d'une solution de repli, vous pourriez avoir l'air un peu bête.

La question se pose cependant pour une candidature en interne. Les plus cyniques résumeront la question ainsi :

- soit vous en parlez à votre supérieur actuel et vous risquez d'être considéré comme du bois mort pour son service si vous n'êtes pas pris ;
- soit vous n'en parlez pas et vous serez considéré comme un traître le jour du départ.

Tout n'est heureusement pas toujours aussi tranché. Évaluez votre situation pour prendre votre décision :

- Depuis combien de temps êtes-vous à ce poste ?
- Est-il légitime de vouloir évoluer ou cela risque-t-il d'être considéré comme étant prématuré pour votre carrière ?
- L'entité du groupe dans laquelle vous envisagez de postuler est-elle directement concurrente de celle dans laquelle vous vous trouvez actuellement ? Cela arrive.

Tenez enfin compte de vos relations avec votre chef de service pour prendre la décision d'en parler ou non.

Fiche 37
ÉLARGIR SON RÉSEAU HORS DE L'ENTREPRISE

Tirez parti des multiples relations que vous pouvez nouer hors de l'entreprise. Ces contacts vous seront utiles un jour.

S'il est très important de réseauter en interne, ce n'est pas une raison pour négliger vos nombreux contacts extérieurs à l'entreprise. Tous font potentiellement partie de votre réseau. Il existe de multiples parties prenantes auprès de qui vous devez garder contact, qu'elles fassent partie de l'écosystème de l'entreprise ou non.

Les contacts liés à l'entreprise

Tous les partenaires de l'entreprise doivent faire partie de votre réseau, qu'il s'agisse :

- des fournisseurs,
- des distributeurs,
- des clients et des prospects de l'entreprise.

Souvenez-vous toutefois que vous devez vous montrer loyal avec votre employeur, notamment si vous travaillez dans les fonctions commerciales. Le but de la manœuvre n'est pas de subtiliser des contacts stratégiques de l'entreprise lorsque vous partirez à la concurrence. L'important est de construire votre réseau personnel. Sachez vous en souvenir au moment de rédiger votre e-mail de départ externe (voir la fiche 34 « Réussir son départ »).

Inviter tous vos collègues à se connecter sur les réseaux sociaux professionnels.

Les contacts hors de l'entreprise

Il y a bien sûr une vie hors de l'entreprise. En auditant votre réseau, vous vous rendrez vite compte de sa densité.

Laisser faire le hasard

Vous pouvez garder contact avec des personnes qui appartiennent à des secteurs d'activité totalement différents du vôtre. N'oubliez pas que la richesse d'un réseau tient à sa diversité. Intéressez-vous aux autres pour créer des opportunités.

Compter sur les associations

Vous pouvez également multiplier les contacts en vous investissant dans une ou plusieurs associations (voir la partie 5 « S'investir dans les associations »).

Fiche 38
DONNER DE SES NOUVELLES

Réseauter implique de donner et de prendre des nouvelles régulièrement. Toutes les occasions sont bonnes pour entretenir son carnet d'adresses.

Animer son réseau est fondamental. Pour cela, il faut donner et prendre des nouvelles de ses contacts.

Réseauter sans dépenser trop

Sachez que si vous proposez à quelqu'un de vous rencontrer ou de vous revoir, c'est à vous qu'il revient de payer l'addition. C'est la moindre des choses puisque vous êtes le demandeur de cette rencontre. Peut-être votre interlocuteur refusera-t-il de vous laisser payer ? Ne partez pas pour autant de ce principe. Pour que vos rendez-vous ne vous coûtent pas trop cher, vous pouvez :

- proposer de prendre un café ou un petit-déjeuner à votre contact ;
- proposer un rendez-vous dans ses locaux.

En plus de ne pas être trop onéreuses pour vous, ces deux dernières formules présenteront les avantages de ne pas prendre trop de temps à votre interlocuteur et, souvent, de trouver plus facilement une date avec lui.

Envoyer ses vœux de fin d'année

Envoyer ses vœux de fin d'année n'est pas du tout démodé. Au contraire, cela sera particulièrement apprécié par vos contacts.

Pas besoin de prétexte

N'en déplaise à certains, envoyer ses vœux de fin d'année présente un grand intérêt. Cela permet de donner de ses nouvelles à ses contacts sans avoir besoin de prétexte. Cela demande une véritable organisation (voir le bonus 2: « Envoyer ses vœux »).

À qui envoyer ses vœux ?

À tout le monde ! Enfin, uniquement aux personnes que vous connaissez : n'envoyez pas vos vœux à un illustre inconnu.

Envoyez-les au moins aux personnes qui vous ont aidé et à vos anciens maîtres de stage ou employeurs.

Le bon réflexe

Continuer à envoyer ses vœux de fin d'année à quelqu'un qui est très occupé même s'il ne vous répond pas. De cette manière, vous aurez plus de chances de rester ancré dans sa mémoire. Vous vous en féliciterez le jour où il vous faudra reprendre contact avec lui.

Profiter d'une occasion

Toutes les occasions d'entretenir son carnet d'adresses sont bonnes.

Rebondir sur les rencontres fortuites

Il arrive à tout le monde de croiser un contact par hasard, au moment où on s'y attend le moins. Voilà une occasion de rebondir. S'il s'agit d'une personne très occupée qu'il est très difficile de joindre, envoyez-lui un petit e-mail dans la foulée. Peaufinez l'objet de cet e-mail pour qu'elle se souvienne immédiatement de la circonstance de votre rencontre, par exemple : « Suite à notre rencontre de ce jour » (voir le bonus 5 : « Dix objets d'e-mails utiles »).

Nouvelles à annoncer

Tout le monde a, un jour ou l'autre, une nouvelle à annoncer, qu'il s'agisse :

- d'un diplôme obtenu ;
- d'un nouveau poste (voir le bonus 9 : « E-mails pour donner et prendre des nouvelles ») ; dans ce cas, profitez-en pour donner vos nouvelles coordonnées.

Le bon réflexe

Prendre systématiquement des nouvelles de votre interlocuteur en même temps que vous lui en donnez.

Si votre contact est quelqu'un de très occupé, préférez l'e-mail au coup de téléphone. Vous prendrez moins de risque de le déranger.

Pour garder contact à l'étranger

Il serait dommage d'effectuer un séjour à l'étranger sans garder contact avec les personnes rencontrées. Ne manquez donc aucune occasion :

- de prendre des nouvelles ;
- d'envoyer vos vœux ;
- de vous connecter sur les réseaux sociaux ;
- de proposer à vos contacts de vous rendre visite s'ils passent près de chez vous ;
- de leur donner des nouvelles si vous faites vous-même un saut dans le pays.

Fiche 39
RESTER UTILE À SES ANCIENS COLLÈGUES

Les anciens collègues sont des contacts de choix. Apprenez à leur être utiles pour maintenir les liens.

Quel que soit leur rang hiérarchique, vos anciens collègues pourront vous être très utiles. À condition que vous-même leur soyez utile. C'est possible de multiples manières. Des associations d'anciens existent par exemple dans certaines entreprises. Elles sont toutefois assez rares. Rien ne vous empêche de garder contact avec vos anciens collègues par vous-mêmes.

On s'entend même parfois mieux avec ses anciens collègues quand on ne travaille plus avec eux. C'est une occasion de se connaître différemment.

Se rendre utile

Vous pouvez :

- Leur faire part d'opportunités de postes : votre entreprise actuelle recherche peut-être quelqu'un ayant le profil de l'un de vos anciens collègues. Tout comme pour le réseautage avec les autres stagiaires, restez prudent en sachant qui recommander et en ne vous immisçant pas dans la vie de votre entreprise de manière inappropriée. N'oubliez pas non plus de rester loyal à votre ancienne entreprise.
- Les dépanner : il existe de multiples manières de dépanner les collègues, par exemple en leur donnant des informations techniques si cela relève de votre domaine ou encore en les mettant en relation avec quelqu'un d'intéressant susceptible de résoudre un problème de manière informelle.

- Leur présenter des personnes intéressantes : il peut s'agir de clients ou de partenaires par exemple.

Si vous pensez que des personnes ont intérêt à être mises en relation, faites-le toutefois avec précaution (voir le bonus 7 : « E-mails de proposition de mise en relation »).

Notez que vous serez d'autant plus à l'aise que vous ne travaillez plus ensemble. Si vous étiez en compétition, c'est de l'histoire ancienne.

Profiter des associations d'anciens

Il est parfois possible de garder contact avec les anciens grâce à des associations officielles ou mises en place avec le soutien des entreprises.

Avec le soutien des entreprises

Rares en France, les associations d'anciens sont plutôt l'apanage des grandes entreprises. Lorsqu'elles existent, les règles d'appartenance sont assez strictes. Il faut par exemple :

- être un ancien de l'entreprise, c'est-à-dire ne pas être un salarié actuel de l'entreprise ;
- y être resté une période minimale, par exemple : 18 mois ou pour un contrat à durée déterminée d'un an. Dans ce cas, les anciens stagiaires ne peuvent donc pas faire partie de l'association.

Ces associations d'anciens sont parfois très formalisées allant jusqu'à mettre en place une charte d'entraide entre anciens salariés membres relativement contraignante.

À noter

Les associations d'anciens sont très nombreuses dans le conseil. Elles sont particulièrement adaptées à ce secteur dans la mesure où de nombreuses passerelles existent entre le conseil et l'entreprise. Ces salariés peuvent être devenus des clients potentiels, des prescripteurs (professionnels qui recommandent l'entreprise à des clients). Organiser des événements permettant à chacun de se retrouver peut donc être très rentable pour le cabinet de conseil.

Animées par des anciens salariés

Ces associations peuvent également être animées par les anciens salariés, sans soutien de l'entreprise. Les réseaux sociaux ont encore une fois changé la donne puisque des groupes d'anciens de l'entreprise se sont créés en ligne. Il s'agira parfois même de groupes d'anciens stagiaires de l'entreprise.

Contacter des anciens de l'entreprise

Ne négligez pas le réseau de vos collègues ou de vos anciens collègues lorsque vous souhaitez être accompagné ou contacter quelqu'un. Après les avoir cherchés sur les réseaux sociaux, vous pouvez essayer de contacter les anciens de l'entreprise :

- par vous-même, comme vous le feriez avec un ancien de votre école ;
- en passant par un de vos collègues, ancien ou actuel. Vous lui demanderez alors d'être mis en relation après avoir constaté que votre collègue était bien une relation commune.

Fiche 40
FAIRE MÛRIR SON IDÉE

Le réseau peut vous aider à valider votre projet d'entreprise à un moment où vous aurez cruellement besoin de conseils.

Le réseau peut vous être extrêmement utile en amont de la création de votre entreprise. À part quelques stages, une période d'apprentissage ou quelques petits boulots, ceux qui choisissent de la créer à la sortie de l'école n'ont jamais évolué eux-mêmes en entreprise. Il peut leur manquer certaines compétences ou connaissances, d'où l'importance d'échanger ou de demander conseil tout au long du projet.

La création d'entreprise pure et dure n'est pas la seule formule. Vous pouvez également en reprendre une ou devenir franchisé par exemple.

Attendre le bon moment

Une entreprise peut être créée à tout moment :

- **Pendant l'école** : certains créent leur entreprise pendant qu'ils sont en cours. D'autres créent leur entreprise après avoir élaboré un *business case*. En France, le statut d'étudiant entrepreneur a récemment été créé (voir encadré page 143).

François-Xavier Casanova a créé sa première société d'export de produits alimentaires corses Label'Corse à 19 ans, pendant son IUT (institut universitaire de technologie). Au lieu de faire un stage en entreprise, il a choisi de créer la sienne. Après 12 mois d'exploitation, il a jugé préférable de reprendre ses études d'économie et de travailler quelques années dans la finance. Avec un peu plus d'expérience à 26 ans, il est directeur général de Fitogram, la société qu'il a créée en Allemagne.

À noter

Les jurys entrepreneuriaux des écoles constituent une belle opportunité de se faire repérer par des professionnels.

- **À la sortie de l'école.**

  Exemple : Valentine Appert a créé la société d'événementiel Anaïs, à 22 ans juste après avoir été diplômée de son école de commerce. Alors qu'elle cherchait sa voie, c'est en discutant avec un ami travaillant dans la finance qu'elle a eu l'idée de proposer un service de petit-déjeuner dans les salles de marché. Aujourd'hui, sa société a évolué. Employant quelques salariés et ayant recours à un grand nombre de free-lances, elle assure des prestations événementielles haut de gamme (déjeuners, dîners, cocktails).

- **Après un premier métier.**

  Exemple : Raphaëlle Covilette a cofondé Kokoroe à 30 ans avec sa sœur et une amie après avoir travaillé dans le conseil. Cette plateforme permet de mettre en relation preneurs et offreurs de cours particuliers. Après un passage remarqué dans une émission de télévision grand public et une levée de fonds auprès de stars du Web, celle qui ne connaissait rien au digital et à la création d'entreprise se consacre à plein-temps à son projet entrepreneurial avec ses associées.

- **En plus d'un métier.**

  Exemple : C'est à 29 ans, à la fin de ses très longues études de médecine qu'Arthur André, neurochirurgien, a eu l'idée de créer Citizen Doc, une application de conseil en automédication. Ne pouvant pas se consacrer opérationnellement à cette activité, il s'est progressivement entouré d'associés aux compétences variées pour mener à bien ce projet auquel il se consacre après son premier métier de chirurgien.

Utilité du réseau

Dans tous ces cas, le réseau pourra vous être utile pour valider et affiner votre projet.

Valider son idée

Vous pouvez par exemple commencer par valider votre idée ou confronter votre étude de marché auprès de multiples personnes de votre réseau, telles que :

- des personnes de votre entourage ;
- d'autres entrepreneurs ;
- des financiers ;

- des clients ou des fournisseurs potentiels.

Vous ne les connaissez pas ? Utilisez votre réseau pour rencontrer ces personnes en effectuant une demande de mise en relation ouverte ou fermée (voir le bonus 6 : « E-mails de demande de mise en relation »).

Le statut d'étudiant entrepreneur

Afin de favoriser l'entrepreneuriat étudiant, la France a mis en place le statut d'étudiant entrepreneur. Il est ouvert aux jeunes porteurs d'un projet de création d'entreprises au sein d'un pôle étudiants pour l'innovation, le transfert et l'entrepreneuriat (Pépite), qu'ils soient étudiants en cours de formation ou jeunes diplômés. Il permet notamment d'accéder à un espace de *coworking* et à l'aide de tuteurs. Il peut éventuellement s'accompagner d'un diplôme d'étudiant-entrepreneur (D2E).

Fiche 41
DÉMARRER SON PROJET

Votre réseau peut vous être utile au moment de la création de votre entreprise, notamment pour rechercher des financements.

Une multitude de questions se pose au moment de la création d'entreprise. Sachez qu'une phase d'incubation est envisageable (voir encadré ci-dessous).

Faire les bons choix

Encore une fois, votre réseau peut vous être utile pour vous conseiller dans tous les choix que vous devrez faire. Appuyez-vous sur l'expérience d'autres entrepreneurs.

Sachez que pour certaines activités, le statut de free-lance est très adapté (voir la fiche 43 « Devenir free-lance »).

De multiples organismes tels que les chambres de commerces et d'industrie ou l'APCE (Agence pour la création d'entreprise) peuvent vous aider à prendre votre envol.

À propos de l'incubation

Un incubateur permet de bénéficier de services en échange d'une partie de son capital. Cette incubation sera plus rarement gratuite.

Plusieurs formules existent. Vous pouvez l'être au sein :
- d'un incubateur privé ;
- de l'incubateur d'une école ;

…/…

- de l'incubateur d'une entreprise

Exemple : Ancien actuaire, Vladimir Nguekam a créé Mister Doe, un outil spécifique de recherche des comptes bancaires inactifs et des contrats d'assurance vie non réclamés, tout à fait dans l'air du temps. Très intéressé par sa solution, un grand groupe d'audit et de conseil lui a donc proposé de l'incuber.

Ces incubateurs peuvent beaucoup vous apporter en termes de réseautage :

- En échangeant avec d'autres créateurs d'entreprise qui officieront souvent dans des secteurs complètement différents des vôtres. Ces confrontations sont souvent très enrichissantes.
- En étant parfois en relation avec des tuteurs qui vous feront profiter de leur expérience et de leur carnet d'adresses.
- En étant mis en relation avec des entrepreneurs évoquant leur expérience avec vous ainsi qu'avec des intervenants sur différents sujets.

Bien entendu, vous ne pourrez pas bénéficier des services de l'incubateur *ad vitam eternam* : à un moment, il vous faudra sortir de votre nid.

Rechercher des associés

Un associé n'est pas forcément un ami ou quelqu'un que vous connaissez au départ. Il vous faudra parfois réseauter pour trouver un associé disposant d'une compétence complémentaire à la vôtre pour votre projet.

Un spécialiste de la mode pourra chercher un associé disposant de compétences informatiques pour lancer un site Internet de vente de vêtements.

Se financer

Chercher des financements peut être difficile lorsque vous ne faites pas de chiffre d'affaires. Il n'y a pas que les banques qui peuvent vous prêter de l'argent.

Il existe de multiples moyens d'être financé. Au démarrage de l'entreprise, vous pourrez peut-être compter sur :

- **La recherche des subventions** : elle peut se faire auprès des associations et des pouvoirs publics.
- **La *love money*** : votre réseau et celui de vos proches pourra peut-être vous donner un coup de pouce.

- **Les *business angels***: les *business angels* sont des particuliers qui investissent à titre personnel dans les entreprises. Leur profil est très variable. Il peut, par exemple, s'agir de chefs d'entreprise en cours d'activité ou de jeunes retraités. En s'impliquant avec vous au démarrage, et tout au long de la vie de la société, ils peuvent vous faire bénéficier de leur expérience et de leur réseau souvent étoffé.
- **Les fonds d'investissement**: même si l'investissement en amorçage (premiers fonds investis au capital de la société) s'est beaucoup développé au cours des dernières années, un grand nombre de fonds d'investissement préfèrent intervenir une fois que l'entreprise réalise déjà un certain niveau de chiffre d'affaires.

Mobiliser son réseau pour réussir avec le crowdfunding

Le *crowdfunding* (ou financement participatif) s'est particulièrement développé dans la création d'entreprise. Il vous est possible de faire une première levée de fonds sur tel un site. Voilà un cas dans lequel votre réseau va être fondamental. En effet, à la différence d'autres levées de fonds pour lesquelles les tickets investis doivent nécessairement être importants, avec le *crowdfunding*, des montants très faibles peuvent être investis. Vous pouvez donc solliciter vos amis pour:
- qu'ils investissent;
- qu'ils relaient votre initiative sur les réseaux sociaux en la partageant auprès de leurs contacts.

Fiche 42
RÉSEAUTER POUR SE DÉVELOPPER

Réseauter vous aidera à résoudre des problèmes très différents tout au long de la vie de votre entreprise.

Beaucoup d'entrepreneurs ont coutume de dire que les vrais problèmes commencent une fois que la société est en croissance. Qu'il s'agisse de problèmes juridiques et fiscaux, de ressources humaines, d'organisation ou de développement des ventes, votre réseau vous sera d'une aide précieuse. Bien entendu, pour résoudre ces petits et gros problèmes, n'oubliez pas de solliciter d'autres entrepreneurs (voir encadré page 149).

Dénicher les bons experts

Certaines questions que vous vous poserez mériteront des échanges avec des experts. Ceux-ci pourront beaucoup vous apporter en termes de stratégie.

Grâce à son réseau, un jeune chef d'entreprise a pu être mis en relation avec un expert des *fintech* qui lui a donné des conseils stratégiques très appréciables.

Le piège à éviter

Solliciter toujours les mêmes personnes. Ne les lassez pas en leur posant des questions auxquelles vous auriez pu trouver les réponses par vous-même.

N'oubliez pas que réseauter implique de savoir rebondir. Ces experts pourront eux-mêmes vous mettre en relation avec d'autres experts. Donnez leur envie de vous aider.

Augmenter ses ventes

Le réseautage est crucial en termes de développement de clientèle. En tant que chef d'entreprise, vous serez souvent votre premier commercial pour développer votre activité. Et quand bien même vous aurez réussi à recruter un commercial, vous serez toujours sur le pont sur ces questions.

Très schématiquement, réseauter vous permettra :

- d'être recommandé auprès de clients ayant potentiellement besoin de vos services ;

> Des groupes de recommandations d'affaires existent. Ils n'ont pas la même utilité pour tous les secteurs d'activité. Faites-vous votre propre opinion sur l'utilité de ces groupes pour votre activité en assistant à quelques réunions.

- de connaître les donneurs d'ordres dans les entreprises que vous ciblez ;
- d'anticiper les appels d'offres.

> Réseauter avec les personnes démarchées. Le démarchage « dans le dur » consiste à prendre contact avec une personne que vous ne connaissez pas afin de lui présenter vos services ou vos produits. Si vous êtes parvenu à la rencontrer, considérez qu'elle fait maintenant partie de votre réseau. Faites votre possible pour garder contact avec elle.

Établir des partenariats

Dans certains types d'entreprises, il est crucial d'établir des partenariats avec d'autres entités. Réseauter peut vous y aider.

> Exemple : Votre société propose une solution de chauffage écologique dédiée au grand public. Vous avez compris que l'idéal serait pour vous d'être référencé sur un site Internet connu. Bénéficier d'un point d'entrée dans le service approprié grâce à votre réseau est une belle occasion d'y parvenir.

Recruter

Tout comme il peut vous permettre de trouver des associés, votre réseau peut vous permettre de vous faire recommander des profils dans le cadre du recrutement de vos premiers collaborateurs.

> Exemple Vous souhaitez recruter un *community manager*. L'un de vos amis diplômés d'une école de communication peut peut-être vous donner quelques noms de personnes sérieuses à l'écoute du marché.

Réseauter avec d'autres chefs d'entreprise

Échanger avec des entrepreneurs de toutes les tranches d'âge permet de rompre l'isolement. Soyez conscient que des entrepreneurs expérimentés ont souvent dû surmonter les mêmes problèmes que ceux que vous rencontrez aujourd'hui. Profitez de leur expérience. Souvenez-vous également qu'il peut être très enrichissant de côtoyer des entrepreneurs n'évoluant pas dans votre secteur d'activité.

Ces rencontres peuvent se faire naturellement ou au sein d'associations créées par et pour les chefs d'entreprise. Celles-ci vous permettront par exemple d'échanger des noms de prestataires auxquels vous n'aviez pas forcément eu besoin de recourir jusqu'à votre levée de fonds, par exemple : une société de conseil en haut de bilan, des avocats, etc. Il sera même possible dans certains cas de se dénicher un mentor.

Fiche 43
DEVENIR FREE-LANCE

Il est possible d'être free-lance en étant jeune. Cela peut relever d'un véritable choix de vie ou n'être qu'une étape transitoire avant de faire autre chose.

Anglicisme couramment utilisé, le statut de free-lance correspond à un statut de travailleur indépendant qui vend ses missions à un employeur, sans contrat de travail. Il peut être permanent ou transitoire Si vous optez pour le statut de free-lance, le réseautage fera partie intégrante de votre quotidien : il vous appartiendra en effet de trouver vos missions.

Certains secteurs ou métiers sont plus propices à l'utilisation de free-lance que d'autres : l'informatique, le marketing et la communication, l'édition ou le journalisme par exemple. Certaines personnes passent régulièrement du statut de free-lance à celui de salarié et vice versa.

Différentes formules sont envisageables. Vous pouvez notamment créer votre entreprise individuelle, devenir auto-entrepreneur ou encore opter pour le portage salarial. Prenez le temps de vous renseigner sur toutes ces possibilités.

Des finalités différentes

Tout le monde n'est pas free-lance pour la même raison.

Le choix de l'indépendance pour certains

Dans certains secteurs, le recours à des consultants free-lance est très courant.

> Exemple. De nombreuses entreprises de services du numérique (ESN) ont recours à des consultants en informatique free-lance qu'elles mettent à disposition de leurs entreprises clientes.

Certains pourront même choisir de quitter leur emploi actuel pour devenir free-lance.

Une étape transitoire pour d'autres

Pour d'autres personnes, le statut de free-lance peut être une occasion de gagner de l'argent et de faire tester leur travail en espérant signer un contrat à durée indéterminée. Être free-lance permet en effet de multiplier les contacts.

Un jeune journaliste de la presse écrite peut proposer des piges à plusieurs journaux, ce qui lui permettra d'être rémunéré mais aussi d'être présent dans l'esprit du rédacteur en chef lorsqu'un poste se libérera au sein d'une rédaction.

Trouver ses missions

En étant free-lance, vous êtes à votre compte. Il vous appartient de trouver vos missions. Pour cela, le réseautage revêt une importance considérable.

Être recommandé

En étant indépendant, vous allez travailler pour différents employeurs qui vont pouvoir vous recommander.

Mieux, vous pourrez vous recommander entre free-lances complémentaires.

Un graphiste spécialisé dans la création de sites Internet peut recommander à l'un de ses clients de faire travailler un autre free-lance spécialisé dans le référencement naturel sur Internet (SEO). Peut-être ce free-lance aura-t-il l'occasion de lui renvoyer l'ascenseur en le recommandant en retour ?

Entretenir son réseau

Quoi qu'il en soit, un free-lance devra avoir à cœur d'entretenir consciencieusement son réseau pour ne pas pâtir de périodes de creux, qu'il travaille pour un employeur qui le place chez le client final ou qu'il travaille directement pour ses clients en les facturant directement.

Le Guide du networking pour développer votre clientèle (à l'usage des professions du conseil), publié aux éditions Eyrolles par l'auteur, pourra être très utile aux jeunes free-lances soucieux de trouver des missions.

LES DIX RÈGLES D'OR POUR RÉSEAUTER EN ENTREPRISE

1. **Se renseigner sur l'entreprise qui vous accueille.** *Que vous soyez stagiaire ou collaborateur junior, recherchez des informations sur ses activités et les personnes avec qui vous allez travailler.*
2. **Profiter des événements internes.** *Les programmes d'intégration et les événements internes sont d'excellentes occasions de muscler votre réseau.*
3. **Réseauter avec les autres stagiaires.** *Vous disposerez ainsi de multiples points d'entrée dans d'autres structures.*
4. **Préparer son départ.** *Cela vous permettra de rester plus facilement en contact avec vos supérieurs hiérarchiques et vos collègues.*
5. **Se rendre utile à ses anciens collègues.** *Que vous les dépanniez ou que vous leur transmettiez une information sur un poste à prendre, cela sera toujours apprécié.*
6. **Envoyer ses vœux de fin d'année à tous ses contacts.** *Cela sera l'occasion d'entretenir vos liens.*
7. **Se connecter à ses interlocuteurs sur les réseaux sociaux.** *Il s'agira aussi bien de vos collègues que des personnes extérieures à l'entreprise.*
8. **Ne pas prendre part aux polémiques internes.** *Essayez de rester aussi neutre que possible.*
9. **Payer l'addition si vous êtes à l'initiative d'un rendez-vous.** *Ne vous abritez pas derrière votre jeunesse pour esquiver la note.*
10. **Solliciter ses interlocuteurs au bon moment.** *Ne dérangez pas une personne qui vous semble très occupée pour lui présenter votre projet.*

Partie 5
S'INVESTIR DANS LES ASSOCIATIONS

Quelles qu'elles soient, les associations donnent l'occasion de connaître plus de monde et de revoir les personnes que vous connaissez.

Objectifs

√ Comprendre la finalité des différentes associations.

√ Apprendre à picorer pour faire ses choix.

√ Prendre conscience des contraintes qui y sont liées.

Fiche 44
OPTER POUR LA BONNE ASSOCIATION

Apprenez à faire les bons choix en fonction de votre personnalité et de vos souhaits.

Appartenir à une association peut vous aider à développer et à entretenir votre réseau. Il en existe de multiples sortes, allant du club prestigieux à l'association professionnelle en passant par les associations d'anciens élèves.

Intérêt de l'association

Quelle qu'elle soit, l'association présente un intérêt. Assurez-vous simplement que celui-ci est en adéquation avec ce que vous recherchez.

Réfléchir à la finalité

Adhérer à une association peut notamment vous permettre :

- de partager une passion ;
- d'échanger des pratiques professionnelles ;
- de servir une bonne cause.

Augmenter le nombre de ses contacts

C'est une occasion de rencontrer et de revoir à des échéances régulières des contacts, qu'il s'agisse :

- de personnes expérimentées, appartenant à votre secteur ou pas ; à cet égard, des associations de tous types proposent aujourd'hui d'être mis en relation avec des mentors (voir la fiche 45 « Se faire aider et accompagner ») ;
- de personnes de votre tranche d'âge, par exemple au sein d'une branche dédiée aux jeunes d'une de ces associations.

Anticiper les contraintes

Il va falloir respecter certains engagements.

S'acquitter d'une cotisation

Rassurez-vous : les conditions financières sont souvent revues à la baisse pour les membres juniors.

S'impliquer

Il existe plusieurs degrés d'implication dans les associations selon :

- le degré d'assiduité nécessaire aux réunions ;
- la fonction que vous y occupez (président, secrétaire général, trésorier, etc.).

Conditions d'entrée

L'entrée peut être ouverte à tous, tout comme elle peut être assortie de conditions :

- d'âge ;
- d'appartenance à une fonction ou à un secteur particulier ;
- de parrainage : être recommandé par quelqu'un.

S'engager à la légère dans une association. Tout le monde perdrait son temps.

Fiche 45
SE FAIRE AIDER ET ACCOMPAGNER

Les associations permettent de plus en plus souvent de bénéficier de l'aide d'un mentor ou d'échanger avec d'autres personnes.

Un étudiant ou un jeune professionnel a toujours besoin de conseils. Si vous pouvez informellement trouver celui qui sera votre mentor (un *business angel*, un professeur, un ancien patron, etc.), il vous est également possible de le trouver dans une association formelle. Il vous sera également possible d'être accompagné collectivement au sein d'ateliers thématiques ou encore d'échanger sur un sujet lors de tables rondes.

Vous pourrez souvent trouver ces services ou ces événements au sein des associations :

- d'anciens ;
- féminines ;
- professionnelles ;
- spécifiquement dédiées au parrainage d'étudiants et de jeunes professionnels.

Être épaulé par un parrain ou un mentor

Votre parrain ou mentor pourra vous être utile à de multiples niveaux.

Vous rassurer

Il pourra vous apporter ce soutien à différents moments :

- lors de l'arrivée dans le monde professionnel ;
- lorsqu'un événement vous affecte, par exemple en cas de difficultés avec votre supérieur hiérarchique.

N'abusez pas pour autant de votre mentor en le dérangeant trop souvent.

Vous faire bénéficier de son réseau

Il pourra peut-être vous ouvrir des portes, tout particulièrement s'il évolue dans votre secteur d'activité.

Vous aider à construire votre projet professionnel

Cette aide peut survenir alors que vous êtes encore étudiant ou au moment de prendre des décisions difficiles.

> Vous vous demandez s'il n'est pas trop tôt pour quitter votre premier poste afin de rejoindre un autre groupe. Il serait bien délicat d'en parler à votre mentor en entreprise.

Échanger avec d'autres personnes

Ces échanges peuvent se matérialiser par :

- Des ateliers pratiques : ils sont souvent organisés au sein d'associations d'anciens élèves (voir section « Adhérer aux associations d'anciens élèves », à partir de la page 158).
- Des tables rondes organisées autour d'un thème : il peut par exemple s'agir de tables rondes organisées sur la féminisation des postes de pouvoir ou l'arrivée des jeunes professionnels dans l'entreprise.

Fiche 46
MISER SUR LES ALUMNI

Les associations d'anciens élèves permettent de revoir ses anciens camarades et de rencontrer des diplômés venant de promotions différentes.

Très schématiquement, les associations d'anciens élèves permettent aux diplômés d'une même promotion de garder contact ou de créer des liens avec des diplômés d'autres promotions dans le but de s'entraider, d'échanger des informations et de favoriser l'insertion professionnelle. Elles demandent souvent à leurs membres de payer une cotisation annuelle ou à vie.

Des associations d'anciens d'entreprises existent parfois (voir la fiche 39 « Rester utile à ses anciens collègues »). S'ils sont plus rares que dans l'enseignement supérieur, les réseaux d'anciens de lycées existent.

Les associations d'anciens élèves peuvent être utilisées en complément des réseaux sociaux sur lesquelles elles sont d'ailleurs très présentes à travers des groupes d'alumni.

Un ancien est un alumnus. On parle d'alumni au pluriel.

Les jeunes diplômés y ont toute leur place. De nombreuses associations d'anciens ont d'ailleurs créé des ateliers spécifiques à leur attention (voir la fiche 48 « Être conseillé pour être recruté »).

Dans certains cas, le service « Carrières » et relations entreprises dédié aux étudiants actuels sont fusionnés avec le service « Carrières » de l'association des anciens.

Si les associations d'anciens sont moins nombreuses au niveau des universités que dans les écoles de commerces et d'ingénieurs, elles sont très développées au niveau des masters. De nombreuses associations de masters ont ainsi créé leur propre site Internet.

À noter

Si aucune association d'anciens formalisée n'existe, vous pouvez proposer de créer la vôtre (voir la fiche 47 « S'impliquer dans les associations d'anciens élèves »).

Alimenter son réseau

Vous l'avez compris : un réseau doit être entretenu. Une association d'anciens est idéale pour cela.

Rencontrer de nouvelles personnes

Vous pouvez rencontrer ces personnes :

- lors des événements (voir la fiche 47 « S'impliquer dans les associations d'anciens élèves ») ;
- en les contactant spontanément.

En tant que jeune alumnus, l'accès à des personnes diplômées de la même école peut vous être très utile, pour affiner votre projet professionnel par exemple. Les associations d'anciens mettent à jour des annuaires, disponibles en ligne ou sur papier, vous permettant d'être informé du parcours des anciens et de leurs coordonnées. Profitez de cette opportunité : vous serez souvent très bien accueilli. Ciblez pour autant les bonnes personnes et donnez envie à celles-ci de vous rencontrer. Certaines associations d'anciens obéissent à des règles très codifiées : tenez compte de ces usages pour maximiser vos chances (voir encadré page 161).

À noter

Dans certains cas, la fiche d'un ancien sera plus ou moins détaillée selon qu'il s'acquitte de sa cotisation ou non. Grâce aux réseaux sociaux professionnels, vous pourrez contacter certaines personnes de votre école qui ne figurent pas nécessairement dans cet annuaire. Et inversement, des personnes présentes sur l'annuaire ne sont pas inscrites sur les réseaux sociaux professionnels.

Entretenir son réseau

Dans quelques années, vous serez content de recroiser vos camarades lors des événements organisés par votre école. Cela vous aidera à maintenir les liens avec eux.

Être recruté

En vous mettant en relation avec des anciens, ces associations peuvent vous donner toutes les armes pour être recruté.

Prendre de l'information

Elles peuvent en effet vous permettre d'échanger avec des personnes beaucoup plus expérimentées ou avec de jeunes alumni diplômés des promotions précédentes. Il vous sera également possible de recueillir de l'information sur une entreprise auprès de laquelle vous comptez postuler en vous renseignant sur le contexte actuel ou sur la personne auprès de qui candidater.

Ces informations peuvent vous concerner que vous ayez effectué vos études dans un cursus:

- généraliste (auquel cas vous pourrez en savoir davantage sur des métiers que vous connaissez peu);
- spécialisé (il vous sera utile d'avoir accès à des fins connaisseurs de votre futur domaine à même de vous conseiller sur les débouchés futurs dans telle ou telle industrie).

Occasions de recrutement

Vous pourrez:

- Profiter des offres d'emploi diffusées par le réseau des anciens, notamment sur les réseaux sociaux. Ces offres peuvent concerner des entreprises desquelles font partie des alumni ou non. Ne négligez pas l'esprit de corps: en visitant le site Internet de certaines entreprises, vous aurez parfois l'occasion de remarquer qu'une grande partie des effectifs est diplômée de la même école.
- Rencontrer des recruteurs potentiels lors des événements qu'organise le réseau des anciens.

Comment contacter les anciens ?

Si vous les interrogiez aujourd'hui, beaucoup d'anciens vous diraient qu'ils regrettent de ne pas avoir suffisamment utilisé le réseau d'anciens de leur école. Un grand nombre d'entre eux vous diraient également qu'ils sont parfois étonnés de ne pas être sollicités davantage par les étudiants actuels. Pour autant, il faut mettre toutes les chances de votre côté pour que la personne contactée vous accorde un rendez-vous. Pour cela :

- **Contactez la personne appropriée** : il n'est pas forcément utile d'adresser votre message à la personne qui figure tout en haut de l'organigramme. Si vous pensez contacter plusieurs personnes pour vous renseigner sur un secteur, convenez des premiers rendez-vous avec les personnes les moins importantes pour finir par les plus importantes. Ces dernières étant les plus susceptibles de vous permettre de trouver un poste, soyez le plus brillant et le plus informé auprès d'elles.
- **Justifiez votre demande** : décrivez de manière concise votre projet professionnel et expliquez pourquoi l'avis de cette personne peut vous être utile. Ne demandez jamais un travail. Vous venez pour des conseils.
- **Partez du principe que l'agenda de votre interlocuteur est chargé** : arrangez-le en lui précisant que le rendez-vous peut se tenir dans ses locaux à l'heure qui l'arrange. Évitez bien entendu de vous y prendre à la dernière minute.
- **Resituez-vous par rapport à votre parcours dans l'école** : dites si vous êtes étudiant ou jeune diplômé, quel cursus vous avez suivi, etc.
- **Remerciez-le par avance** pour l'attention qu'il prêtera à ce message.

Selon les cas, vous pourrez envoyer cette demande par e-mail ou à l'aide d'un message sur un réseau social professionnel (voir le bonus 8 : « E-mail de prise de contact avec un alumnus »).

N'hésitez pas à contacter les anciens. S'ils ne vous répondent pas, c'est qu'ils n'en ont pas envie. Et ce n'est pas grave. Il ne faut pas être susceptible quand on réseaute.

Fiche 47
S'IMPLIQUER DANS LES ASSOCIATIONS D'ANCIENS ÉLÈVES

Pour que votre adhésion à l'association des anciens élèves soit un succès, il va falloir vous y investir. Ne manquez pas les événements ouverts aux étudiants.

La première chose à faire si vous comptez vous impliquer peut être de payer votre cotisation. Vous pouvez ensuite :

- aller aux événements ou y intervenir ;
- vous impliquer dans un club ;
- vous impliquer dans l'administration de l'association d'anciens elle-même.

Comme toujours en matière de réseautage, c'est la régularité qui paie.

Participer aux événements

Les associations d'anciens organisent énormément d'événements. Il peut par exemple s'agir :

- De présentations thématiques : Si vous y allez pour réseauter, choisissez un événement dont le format s'y prête. En effet, si vous assistez à une conférence accueillant beaucoup de monde, il sera bien plus difficile d'échanger avec des personnes intéressantes qu'au cours d'une réunion thématique très spécifique réunissant une quinzaine de spécialistes. L'idéal est qu'un tour de table soit effectué afin que chacun puisse se présenter rapidement. N'hésitez pas ensuite à aller vous présenter brièvement à une personne avec qui il serait intéressant pour vous d'échanger.

Chercher, en mode anonyme, des informations sur les personnes inscrites en visitant leur profil sur les réseaux sociaux. Cette liste est très souvent mise en ligne avant un événement.

- De *speed career networking* : héritées du *speed dating*, les sessions de *speed career networking* vous permettent d'échanger très brièvement avec des anciens ou avec d'autres professionnels qui ne sont pas nécessairement diplômés de votre école, comme des chasseurs de têtes.
- D'*afterworks* thématiques : des soirées peuvent aussi bien être organisées pour favoriser informellement les échanges entre alumni qu'être dédiées à une thématique particulière (numérique, etc.), ou à une passion partagée (œnologie, etc.).
- D'événements sportifs : il peut par exemple s'agir des matches de football ou de rugby étudiants *versus* anciens.
- De galas : c'est peut-être l'occasion d'échanger avec un ancien. Soyez cependant vigilant à ne pas trop le déranger pendant qu'il est en grande discussion avec ses camarades de promotion.

Rester dans sa zone de confort. Que vous soyez étudiant ou jeune diplômé, ne restez pas collés à vos amis lors des événements.

Un grand nombre d'événements sont ouverts aux étudiants qui ne sont pas encore diplômés. Trop peu d'entre eux en profitent ! D'autant que des places leur sont parfois réservées. Il s'agit d'une occasion en or de muscler son réseau, pour trouver un stage dans la branche qui vous intéresse par exemple. N'attendez pas que l'information d'une prochaine conférence vous tombe toute cuite dans le bec. Surfez au contraire sur le site des alumni pour en être informé.

Aller plus loin

En vous investissant, vous musclerez votre réseau.

S'inscrire dans un club thématique

Beaucoup d'associations d'anciens comptent des clubs thématiques (entrepreneuriat social, agrobusiness, conseil, etc.). Vous pouvez vous impliquer dans l'un de ces clubs ou en proposer la création. Si vous êtes spécialisé sur un sujet, vous pouvez peut-être animer une conférence sur celui-ci ou encore présenter votre métier devant les alumni.

S'impliquer dans l'administration de l'association

Une fois diplômé, et sous réserve de ses statuts, vous pourrez candidater aux élections du conseil d'administration de l'association des anciens élèves. C'est l'occasion d'être visible.

À noter

Certains événements, notamment des conférences, sont organisés par et pour des masters spécifiques ou par des MBA spécialisés. Il serait vraiment dommage que vous n'y alliez pas. C'est une excellente occasion d'échanger avec les promotions précédentes ainsi qu'avec des intervenants spécialisés sur votre secteur, comme des chasseurs de têtes.

Créer sa propre association d'anciens

Aucune association d'anciens n'existe ? Proposez sa création ! C'est notamment envisageable dans les universités afin de faire rayonner son master spécialisé. Pour cela :

- créez un site Internet ;
- faites intervenir des alumni pour parler de leurs activités dans le master ;
- diffusez des offres de stage auprès des étudiants.

Fiche 48
ÊTRE CONSEILLÉ POUR ÊTRE RECRUTÉ

Ces associations sont aussi l'occasion de bénéficier de services particulièrement utiles pour être recruté. Elles délivrent de plus en plus de conseils.

Un grand nombre d'associations d'anciens élèves proposent aujourd'hui des services à leurs membres. Les jeunes diplômés n'y font pas exception.

Participer à des ateliers thématiques

Des ateliers spécifiques ont été conçus pour les jeunes diplômés. Ils peuvent par exemple concerner :

- les entretiens d'embauche ;
- la rédaction de curriculum vitæ et de lettres de motivation ;
- l'entrée dans la vie professionnelle.

Ne négligez pas pour autant de participer aux ateliers qui ne sont pas dédiés aux jeunes diplômés. C'est l'occasion de muscler votre carnet d'adresses.

De tels ateliers peuvent également être proposés aux étudiants par les SCUIO-BAIP (Service commun universitaire d'information et d'orientation – Bureau d'aide à l'insertion professionnelle) de certaines universités. Renseignez-vous.

Être coaché individuellement

Certaines associations d'anciens élèves disposent aujourd'hui de consultants, au sein de leur service Carrières, dont la mission est notamment d'aider les anciens à se positionner ou à se repositionner professionnellement.

Les entretiens individuels sont généralement réservés aux adhérents de l'association d'anciens.

Ces consultants peuvent vous aider à :

- définir votre vie professionnelle ;
- vous reconvertir ;
- évaluer vos compétences ;
- optimiser la présentation de votre curriculum vitæ.

Ils peuvent enfin vous mettre en relation avec des anciens de l'école susceptibles de vous informer sur leur secteur ou sur leur métier.

Fiche 49
INTÉGRER UN CLUB

Il existe de multiples clubs, plus ou moins prestigieux et difficiles d'accès. Attention à ne pas frapper à la mauvaise porte.

Tous les clubs n'ont pas les mêmes finalités et ne demandent pas le même engagement. Il en existe beaucoup, plus ou moins prestigieux. Ils ne sont pas forcément très connus des jeunes générations.

Grâce à ces clubs, vous pourrez créer des liens avec d'autres membres. N'y allez pas uniquement dans l'espoir de connaître des personnes susceptibles de vous recruter ou pour développer votre chiffre d'affaires. Cela serait malvenu. C'est en apprenant à vous connaître que vous pourrez tirer parti de ces relations dans la vie professionnelle. Laissez donc les choses se faire par elles-mêmes.

En tant qu'étudiant ou jeune professionnel, vous pouvez faire partie de ce club :

- **En profitant de l'adhésion familiale** : dans certains clubs, vous pourrez en bénéficier jusqu'à un âge donné. Passé une date précise, vous devrez souvent repasser devant une commission pour faire partie du club une fois que vous aurez atteint un certain âge, 21 ans par exemple.
- **Dans la structure normale** : mêmes jeunes, certaines personnes parviennent à réseauter avec des personnes plus âgées au sein de ces clubs. Attention toutefois à ne pas chercher un club prestigieux trop précipitamment. Même si vous étiez accepté, vous ne seriez pas intéressant pour les autres membres et pourriez être mis de côté.
- **Au sein d'une branche du club dédiée à la nouvelle génération** : quelques clubs en ont instauré une.

Choisir le bon club

De multiples questions méritent d'être posées pour savoir comment intégrer le bon club.

Finalité du club

Les finalités du club peuvent être très diverses, en voici quelques-unes :

- humanistes (organisation d'événements de bienfaisance, etc.) ;
- sportives (rugby, golf, etc.) ;
- épicurienne (gastronomie, voyages, etc.) ;
- autour d'une passion (voitures anciennes, arts, etc.) ;
- business (autour du management par exemple) ; c'est notamment l'occasion d'inviter des orateurs du monde des affaires pour en parler.

Si vous êtes un jeune commercial ou chef d'entreprise, sachez qu'il n'est pas convenable de prospecter directement auprès des membres du club. Vous pourriez vite être vu comme quelqu'un d'indésirable.

Contraintes

Ne prenez pas les contraintes des clubs à la légère : c'est un engagement que vous prenez en en faisant partie.

Vous vous engagez notamment à :

- participer à des actions ;
- être assidu aux réunions.

Conditions d'adhésion

Un club peut être ouvert à tous, mais il peut aussi impliquer :

- **Des conditions d'entrée très strictes en termes de parrainage**. Parfois même, un double parrainage sera requis. Une enquête sur vous et un passage devant une commission d'admission seront souvent nécessaires.
- **De payer un droit d'entrée élevé** en plus d'une cotisation annuelle.

S'investir dans une branche dédiée aux jeunes

Certains clubs prestigieux ont créé une branche dédiée aux jeunes. Si la finalité est souvent la même, un certain nombre de différences avec les branches seniors existent :

- Vous restez bien sûr entre jeunes générations.

Fréquenter des personnes plus âgées au sein de l'association lorsque l'occasion se présente.

- Les coûts d'adhésion sont bien moindres par rapport à la version classique du club. Les conditions de parrainage sont en revanche souvent les mêmes. Il n'est généralement pas nécessaire que les parents soient membres du club pour entrer dans cette branche jeune. Vous pourriez très bien être présenté par un ami. Certains clubs ont créé des branches jeunes dans des grandes écoles.

Sachez enfin qu'il n'existe pas de passerelle automatique vers les branches seniors du club. Il vous faudra généralement candidater de nouveau pour y être accepté.

Il est plus dur de s'investir dans les clubs quand on a une vie de famille.

Créer son club informel

Il vous est également possible de créer votre club informel avec certains camarades autour d'une thématique ou simplement pour échanger entre étudiants et jeunes professionnels :

- du même secteur d'activité ;
- de secteurs d'activité variés ; cela vous permettra de muscler votre culture générale professionnelle, ce qui est fondamental.

Pas besoin de trop en faire : une mailing-list et l'organisation d'un dîner au restaurant suffisent. Inviter des orateurs peut être une excellente idée pour donner envie aux participants d'être assidus. N'ayez pas peur de solliciter des intervenants de haut niveau. Ceux-ci sont en général ravis de transmettre leur expérience à des étudiants et des jeunes professionnels. Profitez bien de cette chance pendant que vous êtes jeunes. Il sera plus difficile de jouer sur ce tableau quand vous aurez passé la trentaine.

Fiche 50
ADHÉRER À UNE ASSOCIATION PROFESSIONNELLE

Les associations professionnelles sont surtout l'occasion de fréquenter ses pairs. Leurs finalités peuvent être très différentes les unes des autres.

S'investir dans une association professionnelle peut être très bénéfique pour votre carrière. Elles nécessitent souvent un engagement moins important que l'appartenance à un club. Les conditions d'entrée sont également plus simples puisqu'une simple adhésion pourra souvent suffire. Ne vous y trompez pas pour autant : c'est en vous y investissant que vous y trouverez un intérêt.

Ces associations peuvent être organisées par :

- secteurs d'activité ;
- métiers.

Parfois, ces associations réunissent des métiers spécifiques au sein de secteurs d'activités précis.

> exemple De multiples associations professionnelles existent dans la fonction publique territoriale, regroupant par exemple une catégorie de professionnels de certains types de collectivités.

Les finalités de ces associations sont multiples :

- partager des bonnes pratiques ;
- constituer une plateforme de lobbying pour la reconnaissance et la défense de la profession ;
- favoriser l'entraide entre les membres.

De multiples déclinaisons féminines ont été créées au cours des dernières années (voir encadré page 173).

Des associations professionnelles internationales existent. C'est une excellente occasion de nouer des contacts afin de préparer un départ à l'étranger.

Intérêt de s'y investir

De nombreuses raisons militent pour que vous y consacriez du temps.

Être informé

Le réseautage permet souvent de bénéficier d'informations de très bonne qualité.

Être parrainé

Certaines associations professionnelles ont mis en place de telles initiatives.

Évoluer dans sa carrière

Puisqu'elles vous permettent de connaître beaucoup d'homologues, elles sont parfaites pour être recruté ou changer de poste.

Il peut être plus utile de réseauter lors d'autres événements, par exemple : aux avant-premières ou aux soirées annuelles des chaînes de télévision, si vous êtes intermittent du spectacle.

Générer des affaires

Si votre objectif est de trouver des clients, privilégiez des associations sectorielles qui vous permettront de rencontrer et de croiser d'autres personnes que vos concurrents. Elles sont idéales pour se constituer un réseau dans une branche d'activité donnée.

Consultant en systèmes d'information spécialisé dans le secteur bancaire, vous souhaitez étoffer votre réseau chez les donneurs d'ordre des grands établissements. Ne réseautez pas au sein d'une association généraliste pour y parvenir. Mieux vaudra vous investir dans une association professionnelle spécialisée sur les métiers de la banque et de l'assurance.

Branches jeunes

Les associations professionnelles ont bien souvent des déclinaisons dédiées aux jeunes. C'est une excellente idée d'en faire partie et, peut-être, d'y occuper une place (voir encadré ci-dessous).

Assumer des fonctions dans une association

Vous impliquer dans une association vous donnera une visibilité particulière et valorisera votre curriculum vitæ, que vous en soyez trésorier, secrétaire général ou président d'une section. Dans ce dernier cas, par exemple, cela vous donnera l'occasion :

- d'échanger avec les orateurs invités qu'il vous aura parfois fallu trouver ; vous pourrez essayer de vous constituer un réseau de personnes influentes en gardant contact avec eux ;
- de participer au conseil d'administration de l'association.

Soyez toutefois bien conscient de la dose de travail que cela peut représenter. Dans certains cas, vous devrez faire beaucoup de choses par vous-même alors que dans d'autres cas, les services supports de l'association seront là pour vous aider.

Intérêt

Ces associations vont vous permettre :

- de construire votre réseau en créant des liens dans la durée avec des jeunes professionnels de votre âge, que vous n'auriez pas nécessairement eu l'occasion de rencontrer par ailleurs ;
- d'écouter des orateurs invités ;
- de côtoyer des professionnels plus expérimentés lorsque vous pourrez assister à des événements communs.

Très souvent, ces associations créent des liens avec les écoles en permettant à leurs membres de venir présenter leurs activités lors de salons par exemple. Parfois, quelques étudiants sont même invités à quelques événements organisés par l'association. Voilà une excellente occasion de nouer des contacts si vous êtes encore à l'école.

En pratique

Ces associations se sont adaptées pour les jeunes en termes :

- **De conditions d'accès** : les coûts d'adhésion sont généralement faibles. Il faudra parfois que l'entreprise qui vous emploie soit adhérente pour que vous puissiez en faire partie.
- **D'horaires** : alors que certaines associations professionnelles organisent leurs événements et leurs ateliers en journée, les branches dédiées aux jeunes sont bien conscientes qu'il peut être plus difficile pour eux de se libérer. C'est pour cette raison que les événements ont souvent lieu en soirée.

La notion de jeunesse est relative. Même si elles indiquent « jeunes » dans leur nom, certaines associations ne sont pas dédiées aux jeunes étudiants et professionnels. Elles s'adressent plutôt à des professionnels âgés de 35 ans et plus.

Les déclinaisons féminines

L'objectif revendiqué des associations féminines est schématiquement de promouvoir la place de la femme dans le monde professionnel. Elles se sont fortement développées ces dernières années au sein des associations professionnelles organisées par métiers ou sectorielles comme dans les entreprises ou les administrations. Le ministère de l'Intérieur français héberge par exemple l'association Femmes de l'Intérieur.

Ces associations sont particulièrement intéressantes pour de jeunes professionnelles car :

- **Elles mêlent toutes les générations** : vous pouvez ainsi y côtoyer des femmes dont les postes sont hiérarchiquement très élevés et dont l'une pourrait donc devenir votre marraine.
- **Elles permettent parfois de décloisonner les rencontres hors de son secteur d'activité**, par exemple dans les écoles où les réunions d'anciens sont souvent segmentées selon les thématiques métiers.

LES DIX RÈGLES D'OR POUR RÉSEAUTER DANS UNE ASSOCIATION

1. **Se renseigner avant de s'engager.** *Soyez vigilant aux obligations impliquées par l'adhésion à une association ou à un club.*
2. **S'impliquer.** *Vos efforts ne vaudront que par la durée : investissez-vous dans les associations avec régularité.*
3. **Payer sa cotisation en temps et en heure.** *C'est la moindre des choses.*
4. **Choisir un club accessible.** *Ne cherchez pas à viser trop haut en essayant de fréquenter les élites.*
5. **Éviter de démarcher commercialement les membres d'un club.** *Cela serait mal vu.*
6. **Se renseigner sur les services proposés**. *Le mentorat et le coaching peuvent notamment vous être très utiles.*
7. **Ne pas avoir peur de se présenter.** *Les autres sont également là pour faire des rencontres.*
8. **Donner envie à un ancien élève de vous répondre.** *Pour cela, personnalisez vos messages et blindez votre projet professionnel.*
9. **Ne pas avoir peur d'aborder d'autres membres.** *Ils sont également présents pour rencontrer du monde.*
10. **Choisir les événements auxquels vous assistez.** *Certains seront plus propices au réseautage que d'autres.*

Conclusion

Il n'existe pas qu'une seule manière de réseauter. À vous de trouver celle qui vous convient en fonction de votre tempérament, du temps dont vous disposez et des opportunités qui se présentent à vous.

N'oubliez pas que le réseautage est un travail de longue haleine. C'est en étant régulier dans vos efforts d'animation de votre réseau que vous en récolterez les fruits tout au long de votre vie professionnelle.

Commencez dès aujourd'hui : vous gagnerez un temps précieux !

Bonne chance !

Bonus

BONUS 1
BIEN UTILISER SA CARTE DE VISITE

Il est toujours utile de disposer d'une carte de visite personnelle. Voici quelques conseils pratiques :

Forme de la carte de visite

Faites sobre :

- Ne vous inventez pas de titre professionnel ou de logo. Vous pouvez toutefois faire figurer sur cette carte votre statut d'étudiant (Étudiant – Master II… par exemple).
- Mentionnez simplement vos coordonnées. À cet égard, évitez à tout prix les adresses e-mail trop familières. Si vous faites partie d'une école donnant une adresse e-mail à vie, utilisez celle-là. Rien que le nom de domaine de cette école vous situera.
- Évitez les cartes de visite offertes en échange d'une publicité au verso.

Maxime MAEGHT

Étudiant en Master II mathématiques appliquées

11, rue du Réseau
69001 Lyon
Tél. : 06 xx xx xx xx
E-mail : *maximemaeght@networking.com*

Nombre de cartes de visite

Si vous disposez de plusieurs activités, ayez à votre disposition plusieurs cartes de visite, par exemple votre carte de visite personnelle et celle de l'association dont vous êtes trésorier par exemple.

À quelle occasion la donner ?

Vous aurez de multiples occasions de la donner (cocktails, conférences, réunions d'anciens, discussions fortuites, etc.). Il faut donc que vous l'ayez toujours sur vous.

La donner incitera la personne qui se trouve en face de vous à vous donner la sienne.

Il ne faut pas la donner :

- Lors d'un entretien d'embauche puisque le recruteur dispose de votre curriculum vitæ.
- En interne, lorsque vous rencontrez une nouvelle personne de l'entreprise. En revanche, si vous faites le tour des bureaux pour dire au revoir et qu'un de vos collègues vous suggère de rester en contact, vous pouvez lui donner votre carte de visite.

La donner peut vous aider à clore une conversation. Ne la tendez qu'aux personnes avec qui vous avez échangé. Évitez de faire le tour de l'assistance pour la donner à des inconnus.

Enfin, n'oubliez pas que les cartes de visite récoltées doivent, dès que possible, être transformées en contacts sur les réseaux sociaux, dans votre répertoire informatique et dans votre tableur de contacts.

BONUS 2
ENVOYER SES VŒUX

Réussir l'envoi de ses vœux suppose d'être méthodique. Voici quelques conseils d'organisation.

Travail de préparation

Pour que le travail soit facilité, tenez vos contacts à jour tout au long de l'année.

Divisez vos listes en fonction de vos interlocuteurs :

- ceux qui doivent les recevoir en version papier ;
- ceux qui doivent les recevoir en version digitale.

Essayez dans la mesure du possible de personnaliser vos vœux envoyés en version digitale.

Exemples de messages

- Personnel : « Chère Aurélie, je te présente mes meilleurs vœux pour cette nouvelle année. J'espère qu'elle t'apportera bonheur, santé et prospérité. À bientôt ! »
- Formel : « Cher Monsieur, je vous présente mes meilleurs vœux pour cette nouvelle année. Je vous remercie une nouvelle fois pour l'aide que vous m'avez apporté lors de ma recherche de poste. J'espère avoir à mon tour l'occasion de vous être utile dans un avenir proche. »

Vous pouvez en profiter pour annoncer un changement de poste : « J'en profite pour vous transmettre mes nouvelles coordonnées professionnelles. » Y joindre une carte de visite en cas d'envoi papier.

Envoi des vœux

N'envoyez pas deux fois vos vœux à la même personne. Si vous disposez d'un carnet d'adresses conséquent, ne faites pas confiance à votre mémoire. Soyez méthodique.

De grâce, si vous envoyez vos vœux à une liste de contacts qui ne sont pas censés figurer dans le même message, utilisez la fonction copie carbone invisible (CCI).

Retour des vœux

Répondez aux vœux reçus dans la même forme que celle avec laquelle on vous les a envoyés, c'est-à-dire par e-mail ou en version papier. Voici un exemple de message : « Cher Monsieur, merci pour vos bons vœux. Je vous prie de recevoir les miens en retour… »

Les réponses reçues sont aussi une occasion de mettre à jour votre liste de contacts, que ce soit parce que l'adresse (postale ou électronique) reçue n'est plus correcte ou parce que votre interlocuteur a changé de fonction en interne.

Quel budget ?

Dans de nombreux cas, la version numérique ne vous coûtera que du temps. Une version papier sera nécessairement plus onéreuse (carte, enveloppe et affranchissement). Pas d'excuse en revanche si l'entreprise vous fournit le nécessaire pour envoyer vos vœux papier. Vous pouvez également envoyer une carte de vœux papier commune à un service de l'entreprise dans lequel vous avez travaillé, pour faire des économies.

BONUS 3
PRÉPARER UN ENTRETIEN D'EMBAUCHE

Hors de question de vous rendre à un entretien sans vous y être préparé. Vous devez être capable de répondre à toutes les questions que l'on pourrait vous poser sur la structure.

Aussi faut-il vous renseigner sur l'entreprise et sur la ou les personnes qui vous reçoivent en entretien.

S'agissant des questions sur l'entreprise

- Son histoire : quand a-t-elle été créée ? Par qui ? Pourquoi porte-t-elle ce nom ?
- Ses implantations géographiques : dans quelles régions ou pays est-elle présente ?
- Son management : par qui est-elle dirigée ? Jetez un œil sur son organigramme s'il est disponible.
- Ses activités : quelles sont-elles ? Quelle part chacune d'entre elles représente-t-elle dans l'entreprise ?
- Son actualité : quels sont les faits marquants de ces dernières années ?
- Ses concurrents : qui sont-ils ?
- Sa situation financière : quel est son chiffre d'affaires ? Quelle est sa santé financière par rapport à celle de son secteur d'activité ? Est-elle cotée en Bourse ?

Vous devez être capable de résumer en quelques phrases votre compréhension du positionnement de l'entreprise si on vous le demande. Entraînez-vous à haute voix avant l'entretien.

S'agissant de la personne qui vous reçoit

- Quelle est sa fonction?
- Quelle est sa formation?
- Quel est son parcours professionnel?
- Est-elle spécialiste d'un domaine?
- A-t-elle publié des articles ou un livre?
- Disposez-vous de contacts communs (visible grâce aux réseaux sociaux)?

Gardez pour vous les informations recueillies sur la personne qui vous reçoit. N'ayez pas l'air de l'avoir fichée après l'avoir examinée sous tous les angles. Servez-vous simplement de ces informations pour orienter la discussion dans un sens qui vous est favorable.

BONUS 4 RÉGLER LES PARAMÈTRES DE CONFIDENTIALITÉ DES RÉSEAUX SOCIAUX

Chaque réseau social est différent. Pour chacun d'entre eux, prenez le temps de bien régler leurs paramètres.

Voici les principales questions à vous poser.

Utilisez-vous ce réseau social à titre privé ou à titre professionnel ?

Si vous l'utilisez à titre privé, montrez-vous extrêmement prudent, notamment si certaines de vos excentricités sont susceptibles de vous desservir sur le plan professionnel, que vous soyez en phase de recrutement ou en poste.

S'agissant des réseaux sociaux que vous utilisez à titre professionnel

- Les autres inscrits verront-ils que vous visitez leur profil ?

Même si cela n'est pas dramatique, mieux vaut visiter les profils en mode anonyme si possible.

- Qui peut voir les relations faisant partie de votre carnet d'adresses ?

Sauf cas particulier, il n'est pas gênant que vos contacts puissent voir avec quels contacts vous êtes en relation. Souvenez-vous que vos relations partagées seront toujours visibles.

Si vous envisagez de trouver un poste ailleurs

- Les modifications de votre profil entraîneront-elles des notifications aux autres utilisateurs ?

Ces modifications successives de votre profil pourraient laisser votre employeur penser, à tort ou à raison, que vous comptez partir.

- Vos contacts sont-ils avertis des personnes avec qui vous vous connectez ?

Il ne s'agira pas de notifications mais cela pourra apparaître sur votre flux d'actualité. Cela peut être gênant si vous vous connectez avec de multiples chasseurs de têtes.

BONUS 5
DIX OBJETS D'E-MAILS UTILES

Jamais un e-mail ne doit partir sans objet. Les titres des e-mails doivent donner envie à des interlocuteurs qui reçoivent sans cesse des messages de les ouvrir et d'y répondre.

Titre de l'e-mail	Dans quels cas l'utiliser?
« Reprise de contact »	Il y a une chance pour que la personne à qui vous envoyez l'e-mail ne se souvienne pas de vous instantanément.
« Proposition de rencontre (sur les conseils de) »	Prise de contact spontanée avec une personne qu'un de vos contacts vous a suggéré de contacter directement de sa part. Avec son accord, mettre la personne vous ayant mis en relation en copie de l'e-mail.
« Suite à nos échanges »	Pour faire le point sur une discussion ou sur une réunion qui s'est tenue. Occasion de demander quelques précisions si nécessaire.
« Suite à notre rencontre d'hier - Conférence sur/ Réunion d'anciens... »	Envoi d'un e-mail permettant de rebondir sur une rencontre effectuée la veille.
« Nouvelles »	À utiliser spontanément lorsque l'on a quelque chose à annoncer, comme un recrutement à un ancien maître de stage. Ne pas faire de messages collectifs.
« Départ »	Voir le bonus 10.
« Merci » ou « Remerciements »	Il ne faut jamais laisser passer une occasion de remercier quelqu'un qui vous a consacré un peu de temps.
« Demande de mise en relation/Mise en relation/Proposition de mise en relation »	Voir les bonus 6 et 7.
« Demande de service »	Vous demandez à quelqu'un de vous rendre un service. Demandez-le clairement : ne tournez pas autour du pot.
« Suite à notre connexion sur LinkedIn - Viadeo (ou autre réseau social professionnel) »	À utiliser quand le message d'accompagnement lié à une invitation sur un réseau social professionnel n'a pas obtenu de réponse alors que l'objet de cette invitation était de poser une question.

BONUS 6
E-MAILS DE DEMANDE DE MISE EN RELATION

Rappelez-vous que vous devez vous montrer particulièrement prudent lorsque vous demandez à être mis en relation avec quelqu'un ou que vous proposez une mise en relation à quelqu'un.

Voici un exemple d'e-mail de demande de mise en relation ouverte.

Contexte : vous sollicitez votre oncle qui a fait toute sa carrière dans le secteur du génie électrique pour qu'il vous mette en relation avec des personnes susceptibles de vous aider à faire les bons choix.

```
Objet: Demande de mise en relation

Bonjour Stéphane,

Je me permets de te contacter pour te demander un service.
Comme tu le sais, je suis actuellement étudiant en troisième année
à l'école d'ingénierie de X. J'envisage de m'orienter vers le génie
électrique.
Je crois que tu connais quelques professionnels de ce secteur d'ac-
tivité. Il me serait très utile d'échanger informellement avec l'un
d'entre eux pour en apprendre davantage sur leur métier.
Je te laisse transmettre ce message à certains de tes contacts si
tu le juges opportun.
Bien entendu, je comprendrais que cela ne soit pas possible.
Quoi qu'il en soit, je te remercie par avance pour l'attention que
tu porteras à ce message.

Bien à toi,

Maxime

Maxime Maeght
06 xx xx xx xx xx
Lien vers le profil LinkedIn ou Viadeo
```

Voici un exemple d'e-mail de demande de mise en relation fermée.

Contexte : étudiant en journalisme, vous avez rencontré hier lors d'une soirée une personne qui pourrait vous mettre en relation avec le directeur de la rédaction d'un hebdomadaire spécialisé auprès de qui vous envisagiez justement de postuler.

Objet : Suite à notre conversation – Demande de mise en relation

Chère Madame,

J'ai été ravi de faire votre connaissance hier. Je me permets de vous contacter afin de vous demander s'il serait possible de me mettre en relation avec Monsieur Durand, dont nous avons parlé.

Comme je vous l'ai expliqué, je suis actuellement en dernière année au sein de l'école de journalisme X. Je souhaite me spécialiser dans la couverture des événements internationaux. Il me serait donc très précieux d'échanger informellement avec M. Durand.

Puis-je vous demander de lui transmettre ce message ?

Bien entendu, je comprendrais que cela ne soit pas possible.

Quoi qu'il en soit, je vous remercie pour l'attention que vous porterez à ce message. N'hésitez pas à me solliciter si je peux vous être utile à mon tour.

Cordialement,

Maxime Maeght
06 xx xx xx xx xx
Lien vers le profil LinkedIn ou Viadeo

À noter

Il ne faut pas toujours solliciter les mêmes personnes. Elles risqueraient de se lasser de vos demandes de mises en relation répétées.

BONUS 7
E-MAILS DE PROPOSITION DE MISE EN RELATION

Rappelez-vous de ne jamais mettre quelqu'un devant le fait accompli en le mettant directement en relation avec une autre personne sans lui avoir préalablement demandé son accord.

Demandez à chacune des personnes que vous souhaiteriez mettre en relation si elle est d'accord pour rencontrer l'autre personne.

Étape 1 : E-mail de proposition de mise en relation

```
Objet : Proposition de mise en relation

Cher Monsieur,

Je me permets de vous contacter afin de vous proposer une mise en relation.
Je suis en effet en contact avec Mademoiselle Aurélie Dupont que je connais depuis quelques années.
Aurélie a lancé son activité de graphiste free-lance et projette de travailler avec des agences telles que la vôtre.
Vous trouverez ci-dessous un lien vers :
– son site Internet : ..............................
– son profil LinkedIn : ...........................
Je vous laisse donc me dire si vous seriez intéressé par une rencontre avec Aurélie.
Je vous remercie par avance pour l'attention que vous porterez à ce message et reste à votre écoute.

Cordialement,

Maxime Maeght
06 xx xx xx xx xx
```

Une fois que vous aurez eu l'accord de la personne à qui vous souhaitez présenter votre amie, passez à la deuxième étape.

Étape 2 : E-mail de mise en relation

```
Objet : Mise en relation Monsieur Durand – Madame Aurélie Dupont

Bonjour,

Suite à nos échanges respectifs, je propose de mettre en relation :
– Monsieur Durand, directeur de l'agence de communication
Et
– Mademoiselle Aurélie Dupont, graphiste indépendante.
Je vous laisse maintenant échanger entre vous et reste à votre disposition si je peux vous être utile.

Cordialement,

Maxime Maeght
06 xx xx xx xx xx
```

BONUS 8
E-MAIL DE PRISE DE CONTACT AVEC UN ALUMNUS

Rappel du contexte : vous êtes étudiant dans une école de mode et vous aimeriez travailler en tant qu'acheteur pour le prêt-à-porter haut de gamme. En feuilletant l'annuaire des anciens, vous avez déniché un profil intéressant à qui vous proposez une rencontre.

```
Objet: Proposition de rencontre – Ancien école

Bonjour Madame,

Actuellement étudiant au sein du master II Mode et Textile de l'école X, je me permets de vous contacter après avoir trouvé votre profil et vos coordonnées dans l'annuaire des Anciens de l'école.
J'aimerais vous proposer une rencontre.
Après un stage au sein de la marque Y en 2015, je souhaite m'orienter vers une carrière d'acheteur dans le prêt à porter haut de gamme. Au regard de votre parcours en France et à l'étranger, il me serait très précieux d'échanger informellement avec vous.
Bien entendu, je comprendrais que vous manquiez de temps.
Je serais ravi de vous rendre visite dans vos locaux ou dans tout autre endroit de votre convenance.

Vous remerciant par avance pour l'attention que vous porterez à ce message, je vous prie d'agréer, Madame, l'expression de mes salutations distinguées.

Maxime Maeght
06 xx xx xx xx xx
Lien vers le profil LinkedIn ou Viadeo
```

BONUS 9
E-MAILS POUR DONNER ET PRENDRE DES NOUVELLES

N'oubliez pas que donner des nouvelles implique aussi d'en prendre.

Cas n° 1 : vous avez quelque chose à annoncer

Rappel du contexte : vous annoncez à un ancien maître de stage que vous venez de trouver un poste.

```
Objet : Nouvelles

Chère Madame,

J'espère que vous allez bien.
J'ai le plaisir de vous informer que je viens de trouver un poste de chef de projet marketing au sein de l'entreprise X. Je vous remercie une nouvelle fois pour le temps que vous m'avez consacré dans ma recherche d'emploi. Votre aide m'a été très précieuse.
Je ne manquerai pas de vous faire parvenir mes nouvelles coordonnées professionnelles.
N'hésitez pas à me solliciter si je peux vous être utile.

Bien cordialement,

Maxime Maeght
06 xx xx xx xx xx
```

Cas n° 2 : vous prenez des nouvelles

Rappel du contexte : vous prenez des nouvelles d'un ancien supérieur hiérarchique actuellement en recherche d'emploi.

```
Objet : Déjeuner


Cher Julien,

J'espère que tu vas bien et que tes recherches d'emploi avancent.
Je te propose que nous déjeunions ensemble bientôt si cela te dit.
En attendant, n'hésite pas à me solliciter si je peux t'être utile.

À bientôt !

Maxime

Maxime Maeght
06 xx xx xx xx xx
```

BONUS 10
E-MAIL DE DÉPART DE L'ENTREPRISE

Rappel du contexte : vous quittez l'entreprise après un stage de six mois.

À: Toute l'entreprise
CC: votre adresse e-mail personnelle
Objet: Départ

Bonjour à tous,

C'est aujourd'hui mon dernier jour au sein du service des achats et je tiens à vous remercier pour votre accueil ainsi que pour le temps que vous m'avez consacré.

J'ai beaucoup appris pendant ce stage de six mois. Je remercie donc le service des achats pour le temps qu'il m'a consacré et tout particulièrement Monsieur Durand, mon maître de stage.

Il est temps pour moi de retourner à l'école X pour ma dernière année.

Je vous laisse mes coordonnées personnelles.

N'hésitez pas non plus à vous connecter avec moi sur LinkedIn/Viadeo en suivant ce lien si vous le souhaitez : ....

Je serais ravi de rester en contact avec vous.

Bonne continuation !

Maxime Maeght
Adresse e-mail
06 XX XX XX XX

À noter

Dans certains cas, cet e-mail sera envoyé à un service ou à une *business unit* uniquement et pas à toute l'entreprise.

BONUS 11
E-MAIL DE REMERCIEMENT

Rappel du contexte : vous avez été reçu par une personne qui vous a donné de précieuses indications sur un secteur d'activité.

```
À : Monsieur Durand
CC : Aurélie Dupont
Objet : Remerciements

Cher Monsieur,

Je vous remercie vivement de m'avoir reçu hier pour évoquer les
débouchés dans le secteur de l'interprétariat.
Merci une nouvelle fois à Aurélie de nous avoir mis en relation.

Bien cordialement,

Maxime Maeght
06 xx xx xx xx xx
Lien vers le profil LinkedIn ou Viadeo
```

BONUS 12
E-MAIL DE PRISE DE CONTACT AVEC UN CHASSEUR DE TÊTES

Rappel du contexte : vous prenez spontanément contact avec un chasseur de têtes pour lui proposer une rencontre.

À : Monsieur Durand
Objet du mail : Proposition de rencontre – Profil spécialisé dans la logistique

Bonjour Monsieur,

Consultant au sein du département *supply chain management* du cabinet X depuis quatre ans, je me permets de vous contacter afin de vous proposer de vous présenter mon parcours et mon projet professionnel.
J'envisage en effet d'évoluer vers un poste de responsable d'ordonnancement en entreprise.
Vous trouverez d'ores et déjà mon curriculum vitæ en pièce jointe.
Je me permettrai de vous recontacter dans quelques jours.

Vous remerciant par avance pour l'attention que vous porterez à ce message, je vous prie d'agréer, Monsieur, l'expression de mes salutations distinguées.

Maxime Maeght
06 XX XX XX XX
Lien vers le profil LinkedIn ou Viadeo

Bibliographie

Abram C., Fitton L., Gruen M. E., Poston L., *Les Réseaux sociaux Facebook et Twitter pour les Nuls*, First Interactive, 2012.

Bommelaer H., *Booster sa carrière grâce au réseau*, Eyrolles, 2012 (2e éd.).

Bommelaer H., *Décrocher un nouveau poste*, Eyrolles, 2013.

Bommelaer H., *Trouver le bon job grâce au réseau*, Eyrolles, 2015 (4e éd.).

Bonnemayre P., Capo-Chichi C., Pierre E., *Trouver un job ou un stage à l'étranger*, Studyrama, 2010.

Capobianco M.-C. et Liautaud M., *Entrepreneuriat féminin. Mode d'emploi*, Eyrolles, 2014.

Carpenter B., *The Bigs*, Wiley, 2014.

Costa N., *SOS stage et premier emploi, savoir-faire et savoir-vivre en entreprise*, Ellipses, 2011.

De Broissia P., Ferrer L., *Développer sa visibilité sur Internet pour trouver un emploi*, Eyrolles, 2014.

Gagliardi E., Michelon C., *Réseaux au féminin. Guide pratique pour booster sa carrière*, Eyrolles, 2013.

Hermel L., Hermel P., Hermel G., *Chercher et trouver le bon stage*, Afnor Éditions, 2008.

Hermel L., Hermel P., Hermel G., *Réussir son stage en entreprise*, Afnor Éditions, 2009.

Maeght M., *Le Guide du networking pour développer votre clientèle (à l'usage des professions du conseil)*, Eyrolles, 2015.

Marty A., *Le Guide du networking. Les clubs influents en France*, Éditions du Rocher, 2011.

Ozanne F. et Chapus-Gilbert V., *Trouver un stage ou un emploi*, Nathan, 2015.

Planche-Ryan J., Vasen S., *Boostez votre parcours professionnel avec le mind mapping*, Eyrolles, 2014.

Protassieff S. (dir.), *Le Marketing de soi*, Eyrolles, 2014.

Redrado V., Restino D., Sanson B., *Jeunes, créez votre entreprise !*, Dunod, 2015.

Renard L., *Le Guide des clubs, cercles et réseaux d'influence*, Village Mondial, 2007.

Vermeiren J. et Verdonck B., *LinkedIn. Comment optimiser la puissance de votre réseau*, MA Éditions, 2011 (2e éd.).

Index

M

O

P

R

S

T

V

W

X

Y

www.ingramcontent.com/pod-product-compliance
Ingram Content Group UK Ltd.
Pitfield, Milton Keynes, MK11 3LW, UK
UKHW021016220726
13924UKWH00001B/2

9 782212 563801